国学
十七讲
THE
TRADITIONAL
CULTURE
of CHINA

新世界出版社
NEW WORLD PRESS

图书在版编目（CIP）数据

国学十七讲 / 吕思勉著. -- 北京 ： 新世界出版社,
2025.10. -- ISBN 978-7-5104-8186-4

Ⅰ．Z126-49

中国国家版本馆 CIP 数据核字第 2025SZ0401 号

国学十七讲

作　　者：吕思勉

责任编辑：范禄荣

责任校对：宣　慧　张杰楠

责任印制：王宝根

出　　版：新世界出版社

网　　址：http://www.nwp.com.cn

社　　址：北京西城区百万庄大街 24 号（100037）

发 行 部：(010)6899 5968（电话）　(010)6899 0635（电话）

总 编 室：(010)6899 5424（电话）　(010)6832 6679（传真）

版 权 部：+8610 6899 6306（电话）nwpcd@sina.com（电邮）

印　　刷：三河市嘉科万达彩色印刷有限公司

经　　销：新华书店

开　　本：880mm×1230mm　1/32　尺寸：145mm×210mm

字　　数：204 千字　　　　　印张：8.5

版　　次：2025 年 10 月第 1 版　2025 年 10 月第 1 次印刷

书　　号：ISBN 978-7-5104-8186-4

定　　价：52.00 元

目　录

第一篇

国学概论

第一讲

何谓国学？

国学者，吾国已往之一种学问。包含中国学术之性质与变迁，而并非为与外国绝对不同之学问也。吾国汉代古谚曰："少所见，多所怪，见橐（tuó）驼言马肿背。"吾国旧时视外人来华者，不知其学。较进，则知可学其一二端。更进，则知其自有其学术，而与吾国为截然不同。然由今之所见，则知中国之与外国，实为大同小异者也。古代各部落，有知造舟者，有知制车者，各有所能，各有所不知。今外国自工业革命以来，文明日启，距今亦为时不远。由将来观之，东西两洋之文化，犹古代各部落间文化之关系也。又常有以精神文明、物质文明等以区别东西洋之文化。实亦不然。今世之各社会，皆为文明之社会，其程度相差无几，善亦同善，恶亦同恶，固无何高下也。

／第二讲／

中国学术之分期

1.中国学术之渊源：（1）古代之宗教哲学。（2）政治机关经验所得，所谓王官之学。

2.合此两者而生先秦诸子之学，诸家并立。

3.儒家之学独盛。

4.儒家中烦琐之考证，激起空谈原理之反动，偏重《易经》，与道家之学相合，是为魏晋玄学。

以上为中国学术自己的发展。

5.至此而佛学输入，为中国所接受。萌芽于汉魏，盛于南北朝，而极于隋唐，其发达之次序，则从小乘至大乘，是为佛学时代，而玄学仍点缀其间。

6.至唐而反动渐起。至宋而形成理学。理学之性质，可谓摄取佛学之长，而又去其不适宜于中国者。

此为中国学术受印度影响之时代，至明亡而衰。

7.而欧洲学术，适于此时开始输入。近百年来，对中国学术逐渐发生影响。[前此与欧洲之接触，仅为技术上，而非学术上的，故未受若何之影响。]①

① 《国学概论》原为吕思勉的讲课稿，由黄永年按照随堂记录整理而成，方括号中的内容为黄永年所做的随堂笔记。黄永年（1925—2007），江苏江阴人，在历史学、古典文学、古文献学等领域有精深造诣，早年在苏州中学常州分校聆听过吕思勉授课，后又师从顾颉刚、童书业等。——编者注

\第三讲\

先秦诸子之渊源一——古代之宗教哲学

　　宗教哲学，今日为对立之物，在宗教起源之时则不然。一种宗教之初兴，必能综合当时人之宇宙及人生观，而为之谋得一合理之解决。此时之宗教，亦即其时最伟大最适宜的哲学。[凡一种大宗教，必具高深及浅显二方面之理论，以满足于高等与低等之人。]但宗教之为物，不徒重理智，而兼重意志及感情，故易于固执具体的条件，久之，遂变为落伍之物，而哲学乃与之分离。[宗教与理智方面，仅为其一种手段，使人得理智上之满足，其注重者，乃偏于意志及感情方面，使信之者得感情之安慰，秉坚强之意志以信仰其宗教。夫意志坚强之人，固不免易于固执也，故信教者，常以强烈之感情徘徊，以坚强之意志守旧，以致久而落伍。]故宗教之与哲学对立，非其本来对立，而由于宗教之陈旧。而论古代之学术，仍必溯源于宗教。

　　中国之宗教思想，最早盖系"拜物"，《周礼》分祭祀之对象为天神、地祇（qí）、人鬼、物魅四类。物魅盖即拜物时代之遗也。此时之思想，太觉幼稚，对于学术思想，无甚影响。

　　稍进，则为"天象崇拜"，其中又分为二期，前期盖在女权昌盛时代，所崇拜之大神，[神之为物，表面视为与人无关的，人外的，实则此种之神，已成为人为的神，具有人之性质。神之组织及一切，皆以人为依据，与人相类。]悉视为女性。《礼记·郊特牲》曰："郊之祭也，大报天而主日。"可见古无抽象的整个的天神。后世祭天之郊祭，只是祭日，而《楚辞》《山海经》皆以羲和为女神。整个的地神，古代更其没有，所祭的只是自己所住所种的一块土地，是为社祭。地神被视为女性，更古今皆然。关于此问题，可参看日本田崎仁义所著《中国古代经济思想及制度》，王学文译，商务印书馆本。

女权时代之思想，存留于后世者甚少，只有一部《老子》，是表现女性优胜思想的。《礼记·礼运》，孔子曰："我欲观殷礼，是故之宋，而不足征也。吾得坤乾焉。"说者谓殷《易》先坤。这该是一种女性优胜的遗迹，但殷《易》之内容不传，今所传之《周易》，则完全表现男性优胜之思想矣。[《周易》先乾。]

大概中国学术思想，大部分是从周朝流传下来的，殷以前的成分，已经很少了，周朝宗法特别发达，可见其为男权昌盛的社会。而殷朝兄终弟及，是一个母权社会的遗迹。周在西方，殷在东方。后来齐国长女，名为巫儿，为家主祠，不出嫁（《汉书·地理志》），而齐太公为出夫（《战国策》）。燕人宾客相遇，以妇侍宿，婚嫁之夕，男女无别，反以为荣（亦见《汉书·地理志》）。楚王妻妹（《公羊》桓公二年）。皆可见风俗与周不同。然此等文化，多已沦亡了。

古代宗教哲学之骨干，为阴阳五行，但二者似非一说。[阴阳最早见于《周易》，然不及五行之说，五行最早见于《书》之《洪范》，然不及阴阳之说。且自古至今，从未有合论二者者，后世言阴阳者众，而说五行者寡，则以阴阳能自圆其说，而五行不能也。]五行之说，见于《洪范》，后来衍其说最详者，为《白虎通义》之《五行篇》，虽煞费苦心，然究属勉强，予意水、火、木、金、土乃古代管此工事之五种官。[水，通沟渠，建桥梁。火，未知钻木取火，得火不易，设之以保存火种。木，伐木制物。金，冶金之事。土，营建之事。]本非哲学上分物质为此五类，后来哲学家就已成事实而强为之说。[物体之之然，气、液、固体。印度之哲学，言地、水、风、火四大。地，固体；水，液体；风，气体，益之以火。如此分法，尚觉可通。而五行之水、火、木、金、土，水为液体，木、金、土为固体占其三，无一气体，不必哲学家，亦知为不妥，故决非①哲学家分物质为此五类。]其说本来不合论理，故虽煞费苦心，终不能自圆其说也。[五行之变化，有生胜之说，亦作生克，水生木，木生火，火生土，土生金，金生水，水克火，火克金，金克木，木克土，土克水。其中火生土、土生金、金生水、木克土、土克水等，实不甚可通。]

至于阴阳，则因人之认识，必始于两，而现象无论如何错杂，亦总可归纳之而成二组，即谋与非谋，此即正负，正负即阴阳也。故其说处处可通，而古人推论万物，必自小而推诸大，于是以天地为万物之父母。[此时以阴阳为实质，尚未合哲学之原理。]再进，知万物之原质推一，乃名此原质曰气。假想万物之变化，皆由于气之聚散，而气之所以动荡不已，则由于阴阳二力（阴静阳动）之更迭起伏焉。至此而哲学上之泛神论成立矣。[泛神论者，即谓神即宇宙间一切现象之本身。]

宗教哲学之进步，既进于泛神论，则事物变动之原因，即在事物

___

① "决非"通"绝非"，下文同。——编者注

之本身。（古代野蛮人不知自然规律，只知人律，其视万物为有知，一切皆神所为。而其所谓神，亦有实体，墨子《天志》《明鬼》之论，所谓天、鬼者，皆有喜怒，欲恶如人，则其证也。遂泛神论既成立，至此自有神而进为无神矣）而别无一物焉，在其外而使之者，此之谓自然。[自，始也；然，成也。古书自然之"然"字，无作如此之解者。]自然之力，至为伟大，只有随顺利用，而不能抵抗。而自然界之美德，如"不息""有秩序""不差忒"等，均为人所宜效法，此之谓"法自然"。[法家即如是，谓政治上之赏罚，当以自然界之美德为准则也。]自然之规律，道家称之曰道。[《老子》曰："有物混成，先天地生，寂兮寥兮，独立而不改，周行而不殆，可以为天下母，吾不知其名，字之曰道。"]自然现象，永远变动不居，而其变动也，又有一定之规律，是为"变易""不易"，加以永不止息，若人之任事，不觉其劳苦然，是为"简易"。所谓"易一名而兼三义"也，不易之现象，是为循环，祸福倚伏之义，由此而生。[吾国古代以农为主，注意于不易之现象，故有祸福倚伏等义。盖以为自然界之现象既如是，人事亦当如是也。]自然力既伟大，人根本绝无能为，委心任运之义，由此而生。

自然之力，固无从从时间上指其原理，亦无从从空间上指其根源。然强为之名，固可如此。[盖泛神论者，本无因果也，唯无因果之关系，则无可加以思想，故强为之名，而为是说者，亦明知其为强说而已。]此种力之原始（系人所强名的），儒家称之曰"元"。《易》曰："大哉乾元，万物资始，乃统天。"（《乾卦·彖辞》）《春秋》家谓："《春秋》以元之气，正天之端。"（《公羊》隐公元年何注）是也。[其他如《公羊》何注，隐公元年，曰："天不深正其元，则不能成化。"《春秋繁露·重政》曰："元者，万物之本，在乎天地之前。"]（古人以天为万物之原因，而元为天之原因）在男权优胜时代，最贵此种健行的美德，但女权优胜时代柔能克刚、静以制动等见解[今所存者，以《老子》为代表。]亦仍保有相当地位。

＼第四讲＼

先秦诸子之渊源二——王官之学

儒家，出于司徒之官。[《汉书·艺文志》曰："儒家者流，盖出于古司徒之官，助人君，顺阴阳，明教化。游文于六经之中，留义于仁义之际。祖述尧舜，宪章文武。宗师孔子，以重其言，于道最为高。"徒，众也，司徒主教化。《周礼》谓唯战事付司马，狱讼付司寇，此外治民之事，皆司徒掌之也。儒家治民，最重教化，此为其出司徒之官之本色，其欲合西周以前之法，斟酌而损益之。其处己之道，最高者为中庸。待人之道，最高者为絜（xié）矩。中庸者，随时随地，审处而求其至当；絜矩者，就所接之人，我所愿于彼者，即彼之所愿于我，而当以是先施之。]

道家，出于史官。[《汉书·艺文志》曰："道家者流，盖出于古之史官。历记成败、存亡、祸福、古今之道，然后知秉要执本，清虚以自守，卑弱以自持。此为君人南面之术。"其宗旨：一在守柔，一在无为，所称颂者，为黄帝时之说。]

墨家，出于清庙之守。[《汉书·艺文志》曰："墨家者流，盖出于清庙之守。茅屋采椽，是以贵俭。养三老五更，是以兼爱。选士大射，是以尚贤。宗祀严父，是以右鬼。顺四时而行，是以非命。以孝视天下，是以上同。"盖古明堂、清庙、辟雍，皆一物也。蔡邕《明堂月令章句》谓："明堂者，天子大庙，所以祭祀、飨功、养老、选士，皆在其中。取正室之貌，则曰大庙；取其正室，则曰大室；取其堂，则曰明堂；取其四时之学，则曰大学；取其圆水，则曰辟雍；虽名别实同。"（详见《续汉书·祭祀志注》）阮元《明堂说》谓："有古之明堂，而有后世之明堂。古者政教朴略，宫室未兴，一切典礼，皆行于天子之居，后乃礼备而地分。礼不忘本，于近郊东南，别建明堂，以存古制。"（见所著《揅（yán）经室集》）盖古之清庙，原极简陋，墨家出于清庙之守，即欲以清庙之旧法，救当时之弊。其根本义曰兼爱，即所谓夏尚忠。其所欲行，盖夏道也。由兼爱故不容剥民自奉，而节用、节葬、非乐之说出。由兼爱故不容夺人所有，而非攻之论出。]

名家，出于礼官。[《汉书·艺文志》曰："名家者流，盖出于古之礼官。古者名位不同，礼亦异数。孔子曰：'必也正名乎？名不正，则言不顺；言不顺，则事不成。'"礼主差别，差别必有其由，深求其由，是为名家之学，督责之术；必求名实之相符，故与法家，关系殊密也。]

法家，出于理官。[《汉书·艺文志》曰："法家者流，盖出于理官。信赏必罚，以辅礼制。"为切于东周时势之学。东周之要务有二：一为富国强兵，一为裁抑贵族。前者为法家言，后者为术家言，说见《韩非子·定法篇》。申不害言术，公孙鞅言法，韩非盖欲兼综二派者。法家宗旨，在"法自然"。故戒释法而任情。不主宽纵，亦不容失之严酷。]

阴阳家，出于羲和之官（古之历法之官）。[《汉书·艺文志》曰："阴阳家者流，盖出于古羲和之官。敬顺昊天，历象日月星辰，敬授民时。"以邹衍为大师，本所已知，推所未知。其五德终始之说，亦犹儒家之有通三统之论也。亦欲合西周之法，斟酌而损益之。]

纵横家，出于行人之官。[《汉书·艺文志》曰："纵横家者流，盖出于古行人之官。当权事制宜，受命不受辞。"又曰："及邪人为之，则上诈谖（xuān）而弃其信。"则正指苏、张之流也。]

农家，出于农稷之官。[《汉书·艺文志》曰："农家者流，盖出于古者农稷之官，播百谷，劝农桑，以足衣食。"《孟子》所载云许行，实为农家巨子，其言有二：一君臣并耕，一则物价但论多少，不论精粗也。此盖皇古之俗。农家所愿，即在此神农以前之世也。]

杂家，出于议官。[《汉书·艺文志》曰："杂家者流，出于议官。兼儒、墨，合名、法。知国体之有此，见王治之无不贯。"盖专门之学，往往蔽于其所不知。西汉以前，学多专门，实宜有以祛其弊。故但综合诸家，即可自成一学也。所谓议官，盖即《管子》所谓"啧室"（《管子·桓公问》："黄帝立明台之议，尧有衢室之问，舜有告善之旌，禹立谏鼓于朝，汤有总街之庭，武王有灵台之复。欲立啧室之议，人有非上之过内焉。"），而秦、汉之议郎（秦置，掌议论，汉特征贤良方正之士为之，秩比六百石，统于光禄勋。晋以后废），盖即古议官之制。而齐稷下谈士，四公子之养客，皆为此类。]

小说家，出于稗官。[《汉书·艺文志》曰："小说家者流，盖出于稗官，街谈巷议，道听途说者之所造也。"疑《周官》诵训、训方氏之所采正此类。九流之学，皆出士大夫，唯此为人民所造。《汉志》所载，书已尽亡。《太平御览》卷八百六十六引《风俗通》，谓宋城门失火，汲池中水以沃之，鱼悉露见，但就取之。说出《百家》。犹可略见其面目也，他如塞翁失马、鲁酒薄而邯郸围等，亦或此类。]

以上为《汉书·艺文志》诸子十家，其中去小说家，谓之九流，见《后汉书·张衡传》注[《刘子·九流篇》同。]《汉书·艺文志》本于刘向、刘歆父子《七略》，[《汉书·艺文志》："成帝时，诏刘向校经传诸子诗赋，向条其篇目，撮其旨意，录而奏之。会向卒，向子歆总群书，而奏《七略》。故有《辑略》《六艺略》《诸子略》《诗赋略》《兵书略》《术数略》《方技略》。"]乃据汉时王室藏书而为之分类，故于学术流别，最为完全。古平民无学术，[王官者，大国之机关也。诸子出王官说，虽为汉人推论，然极有理，当时平民，无研究学术者。虽有学术思想，有志研究，亦无所承受，无所商讨，即有所得，亦无人承继之。而古代学术，为贵族所专有，然贵族亦非积有根柢（dǐ），不能有所成就。王官专理一业，守之以世，岁月既久，经验自宏，其能有所成就，亦固其所。]近人胡适据《淮南要略》作《九流不出王官论》，[载《新青年》杂志，约当民国四、五、六年时[1]。]以驳《汉志》，殊不知《汉志》言其由来，《淮南》言其促进之动机（所谓救时之弊）。[盖王官之学，固颇有

---

[1] 胡适于1917年在《太平洋》第1卷第7号发表《诸子不出于王官论》。而据《胡适留学日记》1917年4月16日所记，该文最初拟题是《论九流出于王官说之缪》。后该文作为附录收入1919年2月商务印书馆出版的《中国哲学史大纲》上卷，又在1933年被《古史辨》第4册收录并列为首篇，作为考辨诸子学专题的开篇文章，均作《诸子不出于王官论》。该文发表后，诸子是否出于王官成为学术界长久关注并展开多方面讨论的著名话题。——编者注

成就，然非遭世变，乡学者不得如此其多，即其所成就，亦不得如此
之大也。故《汉志》言因，《淮南》言缘也。]二者各不相妨，且互
相补足也。[若谓出于王官之说非，而唯本《淮南》之说。则试观诸
子之内容、文辞，多今古间杂，明非一时之物，惟其源本王官，故能
多本往事以立说也。]

\ 第五讲 \

先秦诸子之学

讲先秦诸子之学，有应知者数题：

1.诸子之学重在社会政治方面，不重在哲学科学方面，因诸子本身之发展及其对后来之影响皆如此（此意章炳麟曾言之）。[诸子之于哲学方面，颇与古代希腊之哲学相近，其程度亦相仿。盖吾国古代原有此等与宗教混合之哲学思想。诸子即上承此等哲学，而并非加以发展，故诸子之哲学思想，大致相同，不若社会政治之学经发展进步而分歧也。于科学方面，亦有称述，而以见于《墨子》者最多。盖亦旧时之所有，墨子承之也。惟亦不重于此，故其后迄未有何发展。]

2.古有专门[专门者，以如今观之，实即一种学问之派别。]而无通学，[通学者，兼取各派，择善而从，至汉方有通学。]故诸子之学，就一方面论之则精，合各方面论之则空。其相互攻驳之语，多昧于他人之立场，不合论理，如墨子贵俭，所欲行者乃古凶荒札丧之变礼。而荀子驳以"不足非天下之公患"[见《荀子·富国篇》]，殊不知墨子本不谓平世亦当如是也。[古代治学者寡，而因交通不便，得书不易，学术之传播亦难。学者仅能就其近者习之，远者不知或知之不详，且人具成见，学问常以先入为主，故当时人可与一种学问接触，终身不知其他者。此专门之学之所以成也。]

3.先秦诸子之学，非皆个人创造，大抵前有所承，新旧适不适不等，盖其时间有早晚，又地域亦有开通与僻陋之别也。鄙意先秦诸子最要者六家，其新旧之别略如下：最早者农家，沿袭简陋（时代或地域）之农业社会之思想。次之者道家，代表简陋之游牧社会。次之者墨家，其思想与夏代政治颇有渊源。次之者儒家及阴阳家，见多识广，知若干种治法，应更迭使用。最新者法家，对外主张兼并，对内主张摧毁贵族，总而言之，是打倒封建势力（以开明专制为手段）。

农家之书尽亡，仅存者许行之说，见《孟子·滕文公》上篇。[农家之书，真系讲树艺之术者，为《吕览》之《任地》《辩土》《审时》诸篇。然此非所重。先秦诸子皆欲以其道移易天下，非以百亩为己忧者也。《汉志》论农家之学云："鄙者为之，欲使君臣并耕，悖上下之序。"可见《孟子》所载之许行，实为农家巨子。]（1）谓贤君当与民"并耕而食，饔飧（yōng sūn）而治"。此犹乌丸大人，各自畜牧管产，不相徭役（见《后汉书》本传）。（2）主买卖论量不论质，此由交易不重要，物品本少使然，古盖自有此简陋之世；亦或战国尚有此等落伍之地。许行欲率天下而从之，则其事不可行矣。[且复古必有其方，许行未尝有言（如其有之，则陈相当述之，孟子当驳之，不应徒就宗旨辩难），此则不能不令人疑其徒为高论者也。]

道家之代表为《老子》，《老子》之旨在无为。为，化也。[无为，犹言无化，古"为""化"实为同字，观"譌""訛"为同字之例可知。《论语》："子曰：张而不弛，文、武弗能（耐）也。弛而不张，文、武弗为也。"此"为"字即"化"字义，言不能使谷物变化也。]无化者，无使社会起变化。此犹今人慕效欧、美之文明，社会组织，因之改变。守旧者遂欲闭关绝市耳。当时落后之国，输入先进之国之文明者，盖（1）由其君大夫之好者，（2）由其自谓野蛮而欲驱其民以从当时所谓文明之俗，如商鞅谓秦初父子同室，吾今大筑冀阙，营如鲁、卫是也。[古人恒以是为戒，如由余对秦穆公之言是也。]《老子》最反对此等，故谓"无为而无不为"，犹言勿以汝之道化民，则民无不化而之善也。此说认社会之恶化，[盖当时之效法文明，不过任其迁流所心，非有策划，改变社会之组织，以与之相应也。则物质文明日增，而社会组织随之坏矣。然道家不能改变社会组织，以与新文明相应，而徒欲阻遏文明，则何可得？]皆由君大夫措施之误。而不知社会因日日在自化，[盖人之趋利，如水就下。慕效文明，其利显而易见；社会组织变坏，其患隐而难知，且亦未必及己，人又孰肯念乱？故社会日日在自化也。]老子特未之见也。

《庄子》历代著录，皆在道家，《管子》或属道或属法，二家之论，一部分诚与《老子》同。然讲个人在社会中自全之术而归结于委心任运，此《庄子》所有，而《老子》所无。[《列子》说亦同《庄子》。盖其时代之晚，各个间互相之接触已多，世事变化无方，其祸福殊不可知，故有《齐物论》之说（论同伦，类也）。物论可齐，复何所羡？何所畏避？故主张委心任运。]不思彻底改造，而只想因势利导（如不思去民好利之心，而徒欲因其好利而利用之），亦《管子》所有，而《老子》所无，此可见其时代之晚，其社会已不可控制，犹柏拉图与亚里斯多德之异也。

陈旧于农家、道家者，为墨家。《淮南要略》云："墨子学于孔子而不悦，背周道而用夏政。"[今观《墨子》书，《修身》《亲士》《所染》纯为儒家言。他篇又多引《诗》《书》之文，则《淮南》之说是也。]《吕氏春秋·当染》云："鲁惠公使宰让请郊庙之礼于天子，天子使史角往，惠公止之，其后在鲁，墨子学焉。"[史固辨于明堂行政之典者。故墨子之学，诚为明堂之学也。]古大庙大学，皆与明堂同物，前已言之。墨子最讲实用，而其书《经上下》《经说上下》《大取》《小取》六篇，讲哲学、伦理，兼及自然科学，极其精神者，古明堂为宗教哲学之所存也。然此非墨子宗旨所在，特师授以书，则从而传之耳。[大学虽东周后尚不能尽废。然未闻有一人合，学成而出仕者，则以所肄肆为宗教家言，非实用之事也。大学所教，既为宗教家言，故为涵养德性之地。《礼记》曰："君子如欲化民成俗，其必由学乎？"又曰："能为师，然后能为长；能为长，然后能为君。师也者，所以学为君也。"又曰："君子所不臣于其臣者二，当其为尸，则弗臣也；当其为师，则弗臣也。"乞言养老之礼，执酱而馈，执爵而酳（xǔ，虚口），所以隆重如此者，正以其所诣师者，其初乃教中尊宿耳。又《王制》曰："出征执有罪，反释奠于学。"凯旋而释奠于学。由此二端，可想见古代大学性质，为宗教哲学之所存也。]其宗旨所在，曰兼爱，而行之则以非攻。曰贵俭，而行之则以节用、节葬、非乐。所以动人者，曰天志（其天神为人格神），曰明鬼，而辅之以非命。曰上同，使下之人听于上。[盖本夏道，而夏时较古，人之思虑较少，人与人对立程度浅，乐尽力以服从于其上也。]曰上贤，盖前代亲亲，不如周人之甚。参观孙星衍《墨子后叙》，知用夏政之不虚也。

古书多以儒墨并称，亦以儒侠并称，侠者，后世江湖豪杰之流。盖封建制度之坏，士失所养，[封建制度之诸侯、大夫，多喜养士，及其国灭家亡，或习奢侈而无暇养士，而士失所养。]而不能为农工商，乃别成为一阶级。性质近乎文者为儒，[游说之士，大抵从儒中出。]近乎武者为侠。孔子、墨子，乃就此两社会而感化之，非此两个阶级，为孔、墨所造成也。墨子长于守御（其书末二十篇），盖自侠之团体中来也（《墨子》非攻，故仅取兵法中守之一部分）。

　　儒为封建制度崩溃时失养之士，性质近乎文的阶级，前已言之（其性质见于《礼记》之《儒行》）。[儒之义为柔，若曾子之硁硁自守，言必信，行必果者，盖其本来面目。]孔子为此阶级中之闻人，惟孔子之道，不尽于儒。孔子之学颇博，多知前代之治法。此时前代治法之可考者，有夏、殷、周三代。孔子以为当更迭使用，于是有《春秋》通三统之义（谓封前二代之后以大国，使保存其治法，说见《春秋繁露》）。孔子又观治化升降，以为最古之时最美，是谓大同，时代渐降则渐劣，谓小康，说见《礼记·礼运篇》。然则更劣于小康，必为乱世矣。《春秋》张三世之义，以二百四十年，分为三世，据乱而作，（表示治乱世之法。）进于升平，（小康）更进于太平，（大同）（见于《公羊》何《注》）盖欲逆挽世运，复于郅治也。

　　孔子之道，具于六经，而六经之中，《易》与《春秋》为尤要。《易》言原理，《春秋》据此原理而施诸人事。故曰："《易》本隐以至显，《春秋》推见至隐。"（《史记》）其根据原理施诸人事，则恃君长为之。故《易》曰："大哉乾元，万物资始，乃统天。"（《乾卦·系辞》）而"《春秋》以元之气，正天之端，以天之端，正王之政，以王之政，正诸侯之即位，以诸侯之即位，正四竟①之

---

① "竟"通"境"。——编者注

治。"（《公羊》隐公元年《注》）此略近希腊柏拉图推最高之哲人为君之义。惟希腊人无一统思想，故只计及一国之君。孔子则不然，故又计及诸侯之上，当有一王耳。

孔子所谓大同，盖农业共产小社会。所谓小康，则封建之初期，阶级虽已成立，旧时共产社会之规模，尚未甚坏者也。自此以后，资本势力又继封建势力而起，治化只有日趋于劣。不知铲除阶级而欲借政治之力，以谋革命之彻底完成，可谓南辕北辙。然自近代以前，学者之见解，固皆如此（革命常为政治的），不足为怪。

《易》之大义，为"变易""不易""简易"三者。"变易"谓宇宙间一切现象，无一息而不变；"不易"谓万变之现象，仍有其不易之则（如气候时时在变，四季亘古如斯。古人只有循环之思想，无进化之思想。辩证法之变动，非其所知）；"简易"，则言自然力出于自然，非如人之作事，倦而必须休息，故能永不间断差忒，犹道家之贵无为而为贱有为也。此意义亦甚周匝（《易》一名而含之义，见《易纬·乾凿度》，《周易义疏·八论》之一引）。

儒家出于司徒之官，故重教化。而其教化也，必先之以养。孔子言先富后教（《论语·子路·子适卫章》），孟子言有恒产然后有恒心，首欲浚井田制度，继之以庠序之教（《梁惠王》上、《滕文公》上），皆此思想也。此为历代儒家之传统思想，将来当再言之。惟儒家在政治上之抱负，因社会组织已变，无由实施。其有于中国者，乃在社会方面：（1）重人与人相和亲，而不重政治力量之控制。（2）儒家最重中庸，故凡事不趋极端，制度风俗，皆不止积重难返，而中国人无顽固之病。（3）儒家重恕，"己所不欲，勿施于人"。[即谓"絜矩"。]其标准极简单明了，而含义又极高深，所谓愚夫愚妇，与知与能，而圣人有所不能尽。恕成为普遍的人生哲学，无意间为社会保持公道，此儒家之大有造于中国社会者。

阴阳家之书尽亡，唯邹衍之说，略见《史记·孟荀列传》。其说看似荒诞，实则不过就空间（彼所谓中国）、时间（所谓黄帝以来）两方面，据所知者，求得其公例，而推诸未知者耳。其研究结果，盖以治国当有五种方法。更迭使用，是为五德终始，[《汉书·严安传》载安上书引邹子之言曰："政教文质者，所以云救也。当时则用，过则舍之，有易则易之。"即五德终始之说也。]（衍之五德终始，始从所不胜，即水、土、木、金、火；汉末乃改从相生之次，为木、火、土、金、水。）此正犹儒家之通三统，彼所谓一德，当有其一套治法，非如后世之阴阳家专讲改正朔、易服色等空文也。（《汉志》有《邹奭（shì）子》十二篇，则已拟有实行之法，果难施与否，今不可知，要非如汉人之言五德者，徒以改正朔、易服色为尽其能事也。）故与儒家可列为一阶段。[《太史公自序》述其父谈之论，谓阴阳家言，"大祥而众忌讳，使人拘而多所畏"，此乃阴阳家之流失，而非其道遂尽于是也。]

以上诸家知识，均得诸历史上，均欲效法前代，惟其所欲法者，新旧不同耳。惟法家则注重眼前的事实，[切合于东周时势。]故其立说最新。法家之"法"字，又有广狭二义，广义包法、术二者言之，狭义则与术相对，[申不害言术，公孙鞅为法，韩非盖欲兼综二派者。]法所以治民，术所以治治民之人也，见《韩非子·定法篇》。法家之书，存者有三：（1）《管子》，[二十四卷，原本八十六篇，今佚十篇。]（2）《韩非子》，[二十卷，五十五篇。]（3）《商君书》[五卷，原本二十九篇，今佚三篇幅。]也。法术之论，（治民及驭臣下之术）三书多同。惟《管子》多官营大事业，干涉借贷，操纵商业之论（大体见《轻重》诸篇）。《商君书》则偏重一民于农战，（意欲遏抑商业）盖齐、秦经济发达之程度不同，故其说如此。[齐工商之业特盛，殷富殆冠海内；秦地广而腴，且有山林之利，开辟较晚，侈靡之风未甚。][《韩非子》多言原理，兼及具体之条件。]法家之论，能训练其民而用之；术家则能摧抑贵族，故用法家者多致富强，[如韩申不害相韩昭侯十五年，内修政教，外应诸侯，终其身，无侵韩者。卫吴起为魏文侯将，拔秦五城，守西河以拒秦、韩，文侯卒，事其子武侯，遭谮奔楚，相楚悼王，南平百越，北并陈、蔡，却三晋，西伐秦，诸侯皆患楚之强。]秦且以之并天下也。[卫鞅（商鞅）入秦，说孝公变法修刑，内务耕稼，外劝战死之赏罚。孝公任之，遂大强。故秦并天下，原因虽有数端，以人事论，则能用法家之说，实为其一大端。]盖唯用法家，乃能一民于农战，其兵强而且多（见《荀子·议兵》），亦唯用法家，故能进法术之士，而汰淫靡骄悍之贵族（列国皆贵族政治，独秦行官僚政治），政事乃克修举也。

\ 第六讲 \

秦汉时代学术之新趋势

1.交通便利，各种学术，渐相接触，启通学之机。[前此列国互相猜忌，往来之间，非有节符不能通，而关之稽查尤严，其极，遂至借以为暴。汉有天下，此弊尽去，有"通关梁，一符传"之美谈，而交通变利矣。]2.利用学术者，将抉择或折衷于诸学之间，而求其至当。故其结果，为不适宜于时代之学术，渐见衰息（如墨家、农家）。其适宜者亦渐与他学相混焉。[至此自先秦之新发明的时代，变为两汉之整理的时代。犹西洋史上之希腊发明与罗马整理之关系也。]

秦有天下，仍守法家之学不变，然此时法家用整齐严酷之法，以训练其民之办法，实已用不着。[法家宗旨，在"法自然"，故戒释法而任情。揆其意，固不主于宽纵，亦不容失之严酷。然专欲富国强兵，终不免以人为殉。《韩非子·备内篇》云："王良爱马，为其可以驰驱；勾践爱人，乃欲用以战斗。"情见乎辞矣。在列国相争、急求统一之时，可以暂用，治平一统之时而犹用之，则恋籧（qú）庐而不舍矣。秦之速亡，亦不得谓非过用法家言之咎。]秦亡之后，众皆以其刻薄寡恩，归咎于法家（其实此系误解），[盖专以成败论事，归咎法家。]而法家之学，一时遂为众所忌讳。是时急于休养生息，故道家之说颇行。[如孝惠元年，曹参相齐，尊治黄、老言者盖公，为言"道贵清静，而民自定"，参用之，相齐九年，齐国安集。及继萧何为相，举事无所变更，择谨厚长者为郡国吏，掩人细过，不事事，百姓歌之，有"载其清靖，民以宁一"之辞。孝景时，窦太后好黄、老术，皆其著者。]然道家主无为，为正常之社会言之则可；社会已不正常，而犹言无为，是有病而不治也。故其说亦不能大盛。

此时社会，（1）当改正制度，（2）当兴起教化，此为理论上当然之结果，无人能加以反对，而此二者，惟儒家为独优，故儒学之必兴者，势也。秦始皇坑儒时，曾言："吾前收天下书不中用者尽去之，悉召文学方术之士甚众，欲以兴太平，方士欲练奇药。"[见《史记·始皇本纪》。]兴太平，即指改正朔兴起教化言，是始皇固尝有意于此矣。特未及行耳。[当时致力镇压诸侯之遗，北逐匈奴，筑长城，南略定南越，置郡，迄无闲暇。苟天假以年，或有兴太平之举，亦未可知。]汉兴，高、惠、文、景四世，海内或未大安，又皆非右文之主，[高祖贱儒，复值天下初定，陈豨（xī）、黥（qíng）布之乱，迭兴干戈。惠帝时政由吕后，公卿皆武力功臣。文帝本好刑名，复专事安抚同姓诸侯。景帝不任儒，窦太后又好黄、老，而又有七国之乱，复起兵戎。]故隆儒之举，必待武帝而后行。[武帝雄略，右文之主，故能从社会趋势，而儒学遂兴。]

儒学至汉代，去实用渐远，专抱遗经研究，遂渐变成所谓经学。

六经中乐无经，故只有五经。经学初无分歧，至后来乃有今古文之别。今文学最初八家：《诗》齐、鲁、韩，《书》伏生，《礼》高堂生，《易》田生，《春秋》胡毋生、董仲舒。[《史记·儒林传》曰："今上（汉武帝）即位，赵绾（wǎn）、王臧之属明儒学，而上亦乡之。于是招方正贤良文学之士。自是之后，言《诗》于鲁则申培公，于齐则辕固生，于燕则韩太傅。言《尚书》，自济南伏生。言

《礼》，自高堂生。言《易》，自菑（zī）川田生。言《春秋》，于齐、鲁自胡毋生，于赵自董仲舒。"]东汉立十四博士：《诗》鲁、齐、韩，《书》欧阳、大小夏侯，[《书》分三家：欧阳生、夏侯胜、胜从兄子建。]《礼》大、小戴，[《礼》分三家：戴德、戴圣、庆普，庆氏未立学官。]《易》施、孟、梁丘、京，[《易》分四家：施雠、孟喜、梁丘贺、京房。]《春秋》严、颜。[《公羊春秋》分二家：严彭祖、颜安乐。皆见《汉书·儒林传》。]大体仍为今文（唯京氏《易》可疑）。

古文起于西汉之末，《诗》毛氏，[《汉书·儒林传》曰："毛公，赵人也。治《诗》，为河间献王博士。"《后汉书·儒林传》："赵人毛苌（cháng）传《诗》，是为《毛诗》。"《隋书·经籍志》："汉初赵人毛苌善诗，自云子夏所传，作《诂训传》，是为《毛诗》古学。"]《书》《古文尚书》，谓鲁共王坏孔子壁，得《古文尚书》百篇，孔安国以今文读之，得多十六篇。（见《汉书·艺文志》《楚元王传》《景十三王传》《说文解字序》《论衡·佚文》《正说》。而其辗转传述，皆互相乖异）然此十六篇仍不传，《礼》云有《逸礼》，后亦不传（《礼记》中《奔丧》《投壶》，郑《注》谓皆同《逸礼》。然《逸礼》不传）。《易》有费、高二氏，[费直、高相，见《汉书·儒林传》。]《春秋》有《左氏传》，[《艺文志》《楚元王传》不言所自来，《说文解字序》谓献自张苍，《论衡·案书》谓得自孔壁。]《穀梁传》[《史记·儒林传》："瑕丘江生为《穀梁春秋》，自公孙弘得用，尝集比其义。"]昔人以为今文，近崔适考定其亦为古文，其说盖是。见所著

《春秋复始》。

浅人闻今古文之名，每以为其经之文字大有异同。其实不然，所异者多无关意义。（郑玄注《仪礼》，备详今古文异字，读之可见[如古文"位"作"立"，"义"作"谊"，"仪"作"义"之类，皆与意指无关。]）[其有关系者，如《尚书·盘庚》"今予其敷心腹肾肠"，今文作"今我其敷优贤扬历"之类，然极少。]故今古文之异，不在经文，而在经说。[经本古书，而孔子取以立教。古书本无深义，儒家所重，乃在孔子之说。说之著于竹帛者谓之传；其存于口耳者，仍谓之说；古书与经，或异或同，足资参证，且补经所不备者，则谓之记。今古文之经，本无甚异同，而说则互异，读许慎之《五经异义》可见。]今文家虽分家，然其说大体相同；[不独一经然，群经皆然，读《白虎通义》可见，此书乃今文家言之总集也。]古文则诸家之说各别。盖由今文得诸传授，其源同，其流不得大异；古文之说，由诸家自由研究，逐渐创立，故说各不同也。此两点最为紧要。

汉世今古文聚讼之端，最大者为孔壁得书一案。此说如确，则今文家经确不完；如其不然，则所谓古文者，不过民间经学，与立于博士官者不同，与后来古文家之说，出于今文家以外，并无二致矣。孔壁得书一案，似难认真实。详见拙撰《燕石札记·孔壁》条。但今古文之争论，其实与汉世学风变迁，无甚大之关系也。

汉初儒学，均讲经世致用，而是时最大之问题，为民生问题。西汉儒学，齐、鲁不同，今文为鲁学，古文为齐学。说见廖平《今古学考》，确不可易。但何以有此分派，至汉世何以分张更甚，廖氏初未能言。予意齐为大国，经济发达，鲁则不然，此为儒家分歧变化之重要原因。廖氏云："今学以《王制》(《礼记》篇名)为总汇,古学以《周礼》为大宗。"《王制》者,百里之国之治法,《周礼》则千里之国之规模。节制资本之法,《周礼》中可寻得根据,今学中无之。汉世儒家,只讲平均地权,对于节制资本之义,初不了解,读《盐铁论》可见。王莽所行之政策,兼斯二者,此莽与其徒党所醉心于古学也,此为古学初得政府中人垂青之故。

王莽覆败,后汉继兴,一切政治,皆务反莽,故所立十四博士,仍皆今学,然社会上崇尚古学之风,业已不可遏止矣。此则当时风气渐趋于自由研究,不甘为成说所囿故然也。

自王莽变法失败后,通经致用之风渐泯,经学乃渐流为繁碎之考据。《汉书·艺文志》言,古之学者,耕且养,三年而通一经,三十而五经立,存其大体,玩经文而已。其后则说《尧典》篇目至十余万言,但说"粤①若稽古"(《书经》第一句)三万言。[皆指秦恭言之。《艺文志注》引桓谭《新论》云:"秦近君(恭字,王先谦《汉书补注·艺文志》云:'王应麟曰:《儒林传》作秦延君,注"近"字误。')能记《尧典》篇目二字之说至十余万言,但说曰若稽古三万言。"]幼童而守一艺,白首而后能通。[系引《艺文志》之大意,与原文略有出入。]案释经之文,汉时通为章句,观《后汉书》所载,一经之章句至数百万言者不乏。盖儒学初兴时,从事焉者,率多孤寒之士;后其学流行渐盛,富贵者多从事焉,遂渐移于有闲阶级之手。[其情形皮锡瑞《经学历史》之《经学极盛时代》一篇

---

① "粤"通"曰"。——编者注

中详言之。]学问一入有闲阶级之手，未有不流于繁碎者。又此辈多挂名读书，实则束书不观者，乃开专以意说经之风，见《后汉书·徐防传》。此两种风气，历两晋、南北朝未改，读《南史》《北史》"儒林传"可见也。其中讲考据者，徒好繁征博引，而不衷于理，后汉之马（融）、郑（玄）、许（慎）诸儒，皆有此弊。王肃专与郑玄为难，然其方法，实与郑同也。[《经学历史·经学中衰时代》："郑学出而汉学衰，王肃出而郑学亦衰。肃善贾、马之学，而不好郑氏。贾逵、马融皆古文学，乃郑学所自出。肃善贾、马而不好郑，殆以贾、马专主古文，而郑又附益以今文乎？案王肃之学，亦兼通今古文。……故其驳郑，或以今文说驳郑之古文，或以古文说驳郑之今文。"]

两汉之世，迷信之心理尚深。儒学既行，儒学所尊崇之圣人，遂渐被附会为无所不知、无所不能、不问而知、不学而能之人物（见王充《论衡》）。简括言之，即被造成为神是也。[盖古人之史学性质少，文学性质多，易于造成与神相类的崇拜之对象。]此等心理，与谶（chèn）纬之成立，大有关系。《说文》曰："谶，先知也。"[刘熙《释名·释典艺》："谶，纤也，其义纤微而有效验也。"]此即今所谓预言，秦世之"亡秦者胡"[《史记·秦始皇本纪》曰："燕人卢生使入海还，以鬼神事，因奏录图书曰：亡秦者胡也。始皇乃使将军蒙恬发兵三十万人北击胡，略取河南之地。"裴骃《集解》曰："郑玄曰：胡，胡亥，秦二世名也。秦见图书，不知此为人名，反备北胡。"]及《史记·赵世家》所载怪异事迹。更推广言之，《左传》所载卜筮言论之有验于将来者，皆谶之性质也。《春秋》家说（今文），孔子作《春秋》，有不便明言褒贬者，弟子口受其传旨。古文初兴时，利用此说，谓孔子作六经，别有六纬，阴书于策，与之并行。（其实与经相辅而行者，古人通称谓之传，无纬之名）与经相辅行者，大略有三：传、说、记是也。传、说二者，实即一物；不过其出较先、久著竹帛者，则谓之传；其出较后、犹存口耳者，则谓之说耳。古代文字用少，书策流传，义率存于口说，其说即谓之传。凡古书，莫不有传与之相辅而行。凡说率至汉世始著竹帛（以前此未著竹帛，故至汉世仍谓之说也），汉世传注，经义皆存于是。记与经为同类之物，以补经不备者。其本义盖谓史籍。因其为物甚古，亦自有传，而《礼记》又多引旧记也。传、说、记三者之中，自以说为最可贵，盖为汉世传经，精义之所存，此汉儒所由以背师说为大戒也。[详见《燕石札记·传说记》条。]而纬之名以立，利用经说造作（纬说多同今文，以其初兴时，[西汉哀、平之间，纬书出。]古文说尚未出也）。因以所造之谶夹杂其中，故称谶纬。

谶纬之作，论者皆归咎于王莽。其实光武之造谶与信谶，乃更甚于王莽。[《后汉书·光武帝纪》："同舍生疆华，自关中奉《赤伏符》曰：刘秀发兵捕不道，四夷云集龙斗野，四七之际火为主。群臣奏曰：受命之符，人应为大；万里合信，不议同情，符瑞之应，昭然若闻，宜答天神，以塞群望。"《桓谭传》："是时帝（光武）方信谶，多以决定嫌疑。"《东观汉记》："光武避正殿，读谶坐庑（wǔ）下，浅露，中风苦咳。"]足见此为当时社会心力所支持也。终后汉之世，称纬为内学，经为外学。

迷信及琐碎激起有思想者之反动，而魏、晋之玄学以兴。

第七讲

魏晋玄学

今古文之外，经学中别有伪古文一派，其缘起于东晋时梅赜（zé）（梅，亦作枚；赜，亦作颐）[晋西平人，字仲真。元帝初，官豫章内史。]所献《伪古文尚书》（托名孔安国所传，并并真者全造一部安国之《注》）。宋朱熹、吴棫（yù），明梅鷟（zhuó）皆疑之。[朱熹说见阎若璩（qú）《古文尚书疏证》卷八"朱子于古文犹为调停之说"节。吴棫，字才老，南宋时人，正史无传，曾著《书稗传》十三卷，今佚。说见同卷疑"古文自吴才老始"节。梅鷟，明旌德人，字致齐。著《尚书考异》《尚书谱》，力攻古文之伪，为阎、惠（惠栋，著《尚书古文考》）所本]至清阎若璩而考定其伪。[谓为梅赜所伪。]（阎所著书曰《古文尚书疏证》）伪造之主名，丁晏指为王肃（见所著《尚书余论》）。近人又有疑之者（吴承仕，其《与章炳麟书》。见《华国》月刊中）。然伪造是书者，系王肃一派之学，则无可疑也。此事在经学上为一重大公案，以学术思想论，则王肃好驳郑玄，而其学问途辙，实与郑同，无足深论。《孔子家语》，[十卷]大约系王肃所造，《孔丛子》[三卷]亦然。[详见《四库全书总目提要》子部儒家类一。《家语》又有清孙志祖《家语疏证》六卷，证为王肃所伪。]因东汉泥古、琐碎、迷信之学风所激起之反动，是为玄学。[参看梁启超《饮冰室丛著·论中国学术思想变迁之大势》第五章。]其学起于魏正始（废帝年号）时，直至南北朝之末。但至东晋中叶后，则渐与佛学相混，非复纯玄学矣。[故纯玄学之历期也极短。][玄学起于中原北方，后随晋室南迁而盛于南，北方反无玄学。亦犹其后理学起于北，随宋室南迁而盛于南，北方反无理学也。]纯玄学以《易》《老》二书为主，《庄子》次之。《列子》为晋人伪造。[《列子》盖即注者张湛所伪，一部分本诸古书，一部分为其伪作，如《杨朱篇》决非先秦思想，乃魏晋时颓废思想也。][以《易》《老》为主者，盖其空谈原理，实取诸儒、老二家之学之涉及原理之部分也。论者或谓其本道家而儒家仅其表面者，乃不知儒、老之涉及原理者本相同也（先秦诸子之言原理哲学，本多相同）。]其所研究者，为宇宙及神鬼之有无，人之情性、运命及安身、立命等问题；在政治及社会制度上，则主张重原理而不泥事实（重道而遗迹）。其中各种人物皆有。[见《燕石札记·清谈》一、二、三、四条。]其著述甚多，具见《隋书·经籍志》中，惜其书多已亡，只可一览而知当时有何等著述耳。[大抵无具有条理系统之书，多属注、讲义、讲疏之类。]存于今者，专书王弼《易注》、郭象《庄子注》最要，[至何晏之《论语集解》，仅包含一小部分之玄学，不及二书之要也。]《列子》之伪造部分，亦可供参考。单篇散见史传及各家集中。（看《全上古三代秦汉三国六朝文》最便[清严可均编。]）与佛家有关涉处（分赞、否二方面），可看《弘明集》。

此派之功绩，在破坏而不在建设。自经过玄学运动后，泥古及迷信之弊皆除（指学术界之风气）；琐碎之考证，人亦不视为重要矣。

（考证为求正确起见者，别是一说，此其本身虽无用，联合之则成极有用之建设，乃学术分工之作用也。琐碎者则并无理想，无立场，连其本身亦未必正确）正所谓无用之用也。[某种学术，必溯其前时期之情形，方能知其价值，玄学即是矣。]

第八讲

佛　学

玄学之后，遂继之以佛学。佛有宗教学术二方面。宗教方面，今姑措勿论。

学术方面，佛说大小二乘，旧以为一时之说，因人而施。[谓佛初时多与学问高深者接触，其说极高。后佛学渐广，其说亦渐低。及临终时又以最高之说为遗教。]据近来之研究，则小乘兴于佛灭后百年，大乘又后五六百年乃兴起（此项事迹，详见唐玄奘所译《异部宗轮论》）。近人因有称佛灭百年内之佛教为"原始佛教"者（日人某著有《原始佛教概论》）。

分别原始佛教与小乘佛说，其事较难。若大小乘之别，则其荦（luò）荦大者，固较易见也。[盖原始佛教之书不存，其说需自小乘书中分析出之，故较难也。]据近来之研究，印度哲学，发达颇早。因其受天惠优厚，生活问题，容易解决。故其所注意者，非维持身之生存，而为解除心之苦恼。故印度哲学，多带宗教的色彩。佛出世时，此等哲学，派别甚多（佛教概论之为外道），令人感无所适从之苦。佛则不为无益的辩论，而授之以切实可行之道，故其说一出，归向者甚多。故"佛非究竟真理之发见[①]者，而为时代之圣者"（《原始佛教概论》中语）。[无论何种学术，皆逐步进化；非有一圣人出，而能发现此种真理也。]佛灭之后，环境情形，自有变化。

---

① "见"通"现"。——编者注

加之佛教传播甚广，与他种哲学、宗教接触自多，其本身自亦将随之而生变异。此则小大乘之所以次第兴也。[佛之时代，文字之应用尚未广。佛说在世时未有记录。入灭后，诸弟子相会，诵其昔所闻于佛者，得大众之同意，或不得同意而能伸说者，皆录之以为佛说——故

四圣 {
佛。

菩萨。[梵语，具名菩提萨埵，旧译为大道心众生、道众生等，新译曰大觉有情、觉有情等，亦译正士。]

缘觉。[亦作辟支佛，梵语辟支迦佛陀之略。旧译缘觉，新译独觉，《智度论》二名具存，以辟支佛兼具二义也。盖好道潜修，自然独悟者，谓之独觉，或因事缘而觉悟，又或观十二因缘法而得道，谓之缘觉。]

声闻。[弟子闻佛之声教而得道果者。]
}

六凡 {
天。[福德大于人。——福，在中国为外的条件，德，有得于己，故称福德，以别于福。谓其能力、智慧等大于人。]

人。

阿修罗。[梵语，简称修罗；亦作阿素洛、阿须罗、阿须伦、阿苏罗等。《翻译名义集》："阿修罗旧翻无端正，男丑女端正，新翻非天。"——谓其果报似天而非天也。——神通大于人，而易生嗔怒。]

畜生。

饿鬼。[《大乘义章》："言饿鬼者，常饥虚，故名为饿；恐怯多畏，故名为鬼。"按鬼类中有如夜叉、罗刹等具大威力者，故新译曰鬼，不曰饿；然旧译之经论多曰饿鬼，以鬼类中饿鬼最多故也。]

地狱。[梵语那落迦、泥犁等之义译。那落迦、泥犁等本为不乐、可厌、苦具等之义，以其依处在地下，故谓之地狱；盖罪恶众生死后所生之处也。]
}

佛经之首必曰"如是我闻"。——谓之结集。诸弟子之中，分上座、大众二部。佛灭百年后，二部乃分裂。]小乘距佛时代近，又出于上座部（佛教中前辈高级信徒），故其变化少；[因学识高深者，不易接受外界之影响也。]大乘出大众部，时代又后，故其变化多也。[其后锡兰①等地多小乘，行于北方者多大乘。]

[无生者曰器世界，有生者曰有情世界。有情世界为四圣、六凡（天台宗依《法华经》所立），谓之十法界。密教依《理趣释经》所立，则以实佛、权佛、菩萨、缘觉、声闻为五圣，天、人、畜生、饿鬼、地狱为五凡。][众生即于六凡轮回，谓之六道，众生各依其业因而趋向之，故又曰六趣。《法华经·序品》："六道，众生生死所趣。"六凡之中，修佛以人最易，天以其福德过厚，不易生修佛之心；阿修罗之易嗔怒，则更列三恶之一（佛以贪、嗔、痴为三恶）；至畜生等更不能矣。故谓"人生难得"也。畏怖生死即由此。]

大小乘之异点，重要者：小乘说缘觉、声闻，亦可成佛。大乘则非菩萨不能，故曰："地狱顿超，二乘聋瞽（gǔ）。"谓缘觉、声闻，"畏怖生死"，根本未脱自私之见，故不能成佛也；若菩萨则念念以利他为主，与恒人之以自己为本位者适相反，佛不可学，[佛则无人我之分矣。然不能学。]学菩萨，所以驯至于佛也。

$$佛之三身 \begin{cases} 报身。 \\ 法身。 \\ 化身。 \end{cases}$$

_____

① 锡兰即今斯里兰卡。——编者注

[天台宗所立为法、报、应三身。法相宗所立为自性、受用、变化三身（见《唯识论》）。《金光明最胜王经》所说为法、应、化三身。]

小乘之所谓佛，即释迦牟尼其人。大乘则不然，释迦牟尼其人，为佛之报身（从前造业，此时因因果关系而成此人身），饥则欲食，寒则求衣，不得衣食则饥寒而死，一切与恒人无异。[所异者为具伟大之人格，不可及之智慧。]若夫有是而无非，威权极大，人有一言一行一念，彼必知之，必随其量而与以适当之报应，是为佛之法身，实即自然律之象征耳，非人也。以法为师，即可自悟，如法修行，即可成佛，戴一人为偶像之见，大乘全无之矣。[自学理上论，不能不谓大乘进步于小乘。]又信佛之人，或能见佛形象等等，人则不见，共斥为愚，或疑其妄，此亦不必，此乃心理变态，人不能见，彼固见有之也。大乘称此为佛之化身。

人之崇拜偶像，不过得一时心理上之安慰，而于真理，每有所空。小乘以释迦牟尼为偶像者也。大乘较小乘为进步，然不能去释迦牟尼乃创三身之说，谓佛有三种不同之人格也。

识
├─ 眼识——色　　　　┐
│　耳识——声　　　　│
│　鼻识——香　　　　├─ 前六识。
│　舌识——味　　　　│　[前六识为大、小乘所共说，
│　身识——触[心理学上之筋觉]　七、八识则为大乘所说。]
│　意识——法　　　　┘
├─ 末那识——恒审思量，常执有我——七识。
└─ 阿赖耶识（藏识）——识种子所藏——八识。

前六识为尽人所知。[心理学上仅前六识。]佛教之特异者为第七、八识。第七识之义，为吾人常觉有一我在，此确为认识之根本。八识则佛说为识之种子所藏，故亦译为"藏识"。必将此识灭尽，然后识之根断。[第八识为公共的，其他诸识均属各个体的。]佛说"万法唯识"，勉强译以今语，则为吾人之认识世界，恒在一定的范畴中。但此所认识者，并非世界之真相，故必灭识，世界之真理乃可得见。故吾人研究之方法，一无所用。佛亦说教，止是引起人的信心而已。求知世界真相之方法，转在超出吾人今日之心理作用也，此则唯有修证而已。[至此修证之方法是否为对，亦无从说起，信与不信，由各人而已。盖终不脱其为一宗教也。]

识之本体，不可得灭。此即科学上质力不灭之理，亦即哲学上无者不能使之有，有者不能使之无之理也。故所谓灭识，并非将识消灭，——如有一物，而可消灭，则为色空对立矣。犯佛说之大忌。——而系转识成智，即转变吾人之认识（识），而使之别成一种认识也（智）。喻如水与波，水动则生波，波静还为水，波非于水之外别有一物，故止波非涸水也。吾人之本体，佛称之曰"真如"。一切罪恶之根本，佛称之曰"无明"（真如之恶的作用）。问无明何自起（本体何以会起恶的作用）？则不可得说，亦可曰"法尔而有"而已（犹言依定律如此而有）。然则何以知无明非本体？因无明可灭，而人又恒知其为恶而思来之故也。

佛教之派别称宗。中国之佛教，分宗甚多。其中最要者，为天台、法相、华严三宗。天台亦称性宗，从主观方面；法相亦称相宗，从客观方面，证明万法唯识之理；华严则示人以菩萨行相。[故有相当的文学趣味，但仍含极深之哲理。]是称教下三家。禅宗不立文字

（谓无依据之经论），直指心源，是为教外别传。[禅，梵语禅那之略，亦云禅定。禅那之义，为思维修、静虑等，静即定，虑即慧。非若槁木死灰之谓，乃欲不随环境变动，此为印度之一种修习方法，非佛教所独有也。行久之，心理上别生一种境界（谓之参禅）。然此时有诸境界可生，不知其是非，当请诸有经验者，此等有经验者即能加以指点。然非普通语言可说明者，故其一问一答间，常人不能知也，彼固自知之。故禅宗不能为一种学术，乃专讲实行者。]佛教究系宗教，说教只为引起人之信心起见，苟其能信，则辩论研究，均属多事，故其发达之趋势，终必至诸宗皆衰，禅宗独盛而后已，唐中叶后，即亦如此。[唐初以华严最盛，唐高宗时密宗输入，自后中国遂无新立之宗。]宋儒喜辟佛；人又或讥其阳儒阴释；又或称其先于释教中有工夫[1]，故其辟之能得当。实则所辟所沾染者，多系禅宗一派，非佛教之全体也。

天台宗，亦名法华宗，本宗由天台智者大师成立，以《法华经》为根本，以《智度论》为旨趣，以《涅槃经》为辅翼，以《大品经》为观法。专习止观。

法相宗，取《解深密经·一切法相品》为名，本宗有《唯识论》，明万法唯识之理，故亦称唯识宗，此名取《解深密经·分别瑜伽品》之意，印度名为瑜伽宗。

华严宗，以华严论为宗派，故名。

禅宗，又名佛心宗或心宗，以达摩为初祖。

禅宗虽足救烦琐[无谓之辩论研究，谓教下三宗。]之失。然其意

---

[1]　"工夫"通"功夫"，下文同。——编者注

义，亦甚精深，非有智识，且非有闲阶级之人，不能修习。而佛教此时之情势，已非发达至普遍于各阶层不可。故复有净土宗，以普接利钝，[表面上无迷信之色彩，足自己辩护，而实足为迷信之需，使佛教至于普遍发达者，净土宗是矣。]

佛教要旨，为止[消极方面]观[积极方面]双修。止谓心不起不正之念，[不正之行，由不正之念而生。]所谓"十二时中，常念于法"。观有二义：（1）在感情上，如人最畏死，乃时时设想被杀时之情景，以克服其畏死之情。（2）在知识上，遇事辄探求其因果关系，而得正确之救济方法是也。此二者皆甚难。又成佛须历"劫"（佛教上之一种时间[极长]），自恒人观之，亦将望而生畏。然成佛必须经历如此之难，又被前此之学说固定了，不能改易。净土宗于此诸点，乃想出一巧妙适应之法。

念佛 ┌ 观。[观佛像。较前之观为易。]
　　　│ 想。[想佛。较前之止观为易。]
　　　└ 挂名。[口诵"阿弥陀佛"不已。]

净土宗以念佛一法，兼摄止观两门。

净土宗谓阿弥陀佛与此世界特别有缘。[发誓造净土。]一心念佛之人，至临终，阿弥陀佛即来接引，往生净土。在净土中修至成佛，依然艰难；然净土中环境特别佳良，既生此中，可以直向前进，不虞堕落。[称此简易之法为"横超"。]

又净土中种种境界，异常美妙，足满求福报者之欲。

故此宗通行最广。[近日言佛学者，多属此宗。]

宋学。此学最确当之名曰理学。后人尊称之曰道学。清代汉学兴，乃以时代称之曰宋学。

哲学之物虽空泛，然当社会起大变动时，必起响应而作根本之变动。盖哲学无所不包，得以一理而施诸各方面。必使哲学起根本改变，使各方面趋同一目的，不致冲突背驰而后可。宋学即承佛学之后，新兴之一种哲学也。

我国从前论理学并各种科学均不发达，学者对于讲说学术哲理，不能清楚；而整理著作时，复缺乏条理系统，更不能注意于由浅入深诸点（不独理学，一切学术皆然）。故研究理学，非下一番工夫，并头脑清楚之人，不易明白。

此学之发达，鄙意当分为三期：

（1）周敦颐、[世居道州营道县濂溪上，学者称之为濂溪先生。]张载、[居陕西郿县横渠镇，学者称横渠先生。]邵雍[谥康节，学者称康节先生。]为创建一种新宇宙观、新人生观，亦即创建一种新哲学之人物。

（2）程颢、程颐始注重于实行方法，至朱熹、陆九渊而分为两派。

（3）依辩证法之进步，至王阳明又合两派之长而去其短。后人以陆、王为一派，仍视为与程、朱相对立，实非。[理学至王阳明，发达已趋极端。此后渐成衰落。然理学之本身，终为一极伟大之学术也。]

佛学之弊，在于空虚而不切于实务，专恃个人之觉悟，以拯救世界，然（1）人之天资，[自生物学上言之，天资特优与特劣者，恒占极少数。]非能个个人明白佛之所谓觉悟之道者。（2）社会情势，真能接受佛之教化者，又止一小部分人，大多数人看似信奉，其实全不相干。故行之久而不见其效，且颇有流弊。在此情势之下，自然须有一种新哲学以代之。

但佛之哲学，极为高深，甚不易驳。佛教哲学之高深，在认识论方面（中国旧哲学无之，盖未发达至此程度）。创新哲学者，乃将此方面抹杀不谈，而曰：谈认识论即是错。[其实此殊为武断。]故曰："释氏本心，吾徒本天。"天即理，理即外界的真实法则。此理学之名所由立。故宋儒之反佛，乃以哲学中之唯物论反哲学中之唯心论也。[故理学家无论其如何互不相同，必皆承认其外界的世界为真实。苟超出此范围，即属佛学矣。]

理学家中能创立一种新宇宙观、新人生观者为周、张、邵三家。周子之说，见于《太极图说》[宇宙观]及《通书》[人生观]。其说：以为"无极而太极"，"太极动而生阳，静而生阴。"（"一动一静，互为其根"）由是而生水、火、木、金、土，天地人物皆秉五行之质以生。"五行各一其性"，人物所禀五行之质各有不同，故其性亦不同。[希腊古分人为神经质、多血质、胆汁质、黏液质四种，亦同此思想。]而其见之于事，则不外仁、义二者。[以他人为本位，舍自己而顾他人，谓仁；以自己为本位，舍他人而顾自己，谓义。仁为人之本性；义为处事之办法。]仁、义本身皆善；过、不及则皆恶；

故道在中正。[适当]人何以守此中正之境？曰静。故曰："圣人定之以仁义中正而主静，立人极焉。"此中最当注意者：太极阴阳，非有实体。其相生也，非如母之生子，子与母为二。乃就实质之世界，而名其动静之作用曰阴阳；又即世界之本体，而名之曰太极耳，故曰："五行——阴阳也。阴阳——太极也。"世界之由来，不可得而知，故曰"无极而太极"，言无从知之也。[周子行文晦，说太极等实不分明，而我国古代学人哲学观念浅薄，遂于此点引起种种误解，造成哲学上一大公案。若以朱子作此等文，决①无此弊矣。]

张横渠之说，见于《正蒙》。其说以气为唯一之原质。气之本身，运动不已。于是乎气与气之间有迎拒，因而有和合、冲突诸现象。[和合者终必分散，冲突者终必和解。]此为人心爱恶之源（因人亦气之所成也）。气，因其运动，而有轻清、重浊之不同。轻清者易变，故善；重浊者难变，故恶。人有气质之性与义理之性。气质之性出于重浊难变之形体者也，故当以义理之性克治之；而变化气质，为学问中最要之事。

气之运动，有至而伸（积极的）、反而归（消极的）两种。至而伸者为神，反而归者为鬼。非谓天下有鬼神其物；乃谓物之具此两种作用者，其本身即鬼神耳。如吸是神，呼是鬼；发育为神，衰退为鬼。然则世间无物非鬼神也。张子之说，为极彻底之一元论。[周子为略观大意；张子则苦思力索，积数十年之力，而创此说。在哲学上，张子实高于周子也。]

根据物质之学，中国谓之数术。中国学者研究社会现象者多，研

---

① "决"通"绝"。——编者注

究自然现象者少，故此派学术不甚发达。[中国言哲学者多据社会现象，少凭自然现象者，亦因是故。]宋学倾向唯物，故喜言术数者颇有其人。其精而有创见者，实唯康节。康节最重要之观念，为"数起于质""天之象数可得而推，其神用不可得而测""以物观物，不以我观物""易地而观则无我"数语。数者，事物必至之符，其原因在于物质，故曰"数起于质"，此等可推测而知。然宇宙间何以有是物，物何以有是理，则所谓天之神用，不可说也。"以物观物，不以我观物"，谓绝去主观。主观之根源实在自私，离开利害关系，即无主观，故曰："易地而观则无我。"

邵子之言物质，以属于天者为阴阳，属于地者为柔刚，二者又各分太少（表1）。此盖以五行之说为不安而改之，特不欲显驳古说耳。其改八卦方位，亦犹是也（图1和图2）。问其何以如此？则曰：阳燧取于日而得火，方诸取于月而得水，星陨为石，天自三光外皆辰，犹地自山水外皆土。此可见邵子之说，由观察自然现象而得也。[一去前人五行之观念，虽于科学为不合，极堪钦佩者也。]

邵子之言数，以日、月、星、辰四者为基本。日之数1，月之数30，星之数360，辰之数4320[1日12时。12×360=4320]，或乘或减，而成其所言各数。其言时间，以元、会、运、世为单位，30年为一世，129600年为一元，邵子曰："一元在天地之间，犹一年[一单位，如是循环不已。]也。"盖因宇宙悠久广大，无法经验，乃欲截取其中之一段或一部，研究之而得其公例，以是推诸其余。此为凡术数家公共之思想。扬雄《太玄》，欲据一年间之变化立为公例，亦犹是也。夫既因无法经验而欲据一部一节以推测其余，则其所立之说，自不能谓为必确，不过姑以是为推测而已矣。此起凡术数家于九原而问之，必无异辞者也。迷信者流，乃云邵子之数学，可以预知未来，不亦适得其反乎？[至其以元、会、运、世，而言皇、帝、王、霸，复以《易》《书》《诗》《春秋》配合之，而《礼》《乐》为实质，随四者而高低等，亦无甚意味矣。]

（表1）

	阴	阳	刚	柔
太	月	日	火	水
少	辰	星	石	土

（图1）

此八卦旧方位，见《易·说卦》，邵子以为文王所作，为后天方位。

（图2）

此邵子称为先天方位，谓伏羲所作，说殊无征。盖亦取与旧说调和耳。山在西北，泽在西南……亦本诸自然现象也。

邵子之说，见于《观物内外篇》[言理]及《皇极经世书》[言数]；其《渔樵问答》，浅薄已甚，必伪物也。

理学引入实行方面，最重要者，为大小程、朱、陆、王五人。大程以识仁为本，[仁，即社会性。仁为目的；义为手段，为附属于仁者。]曰："识得此理，以诚敬存之而已。"又形容其状态曰："廓然而大公，物来而顺应。"善矣。然未说出切实下手之方法。

小程则说出居敬、致知两端。朱子为畅发其理，曰："人心之灵，莫不有知；天下之物，莫不有理；惟于理有未穷，故其知有不尽也。是以大学始教，必使学者，即其已知之物而益穷之，以求至乎其极，而一旦豁然贯通焉。则众物之表里精粗无不到，而吾心之全体大用无不明矣。"（《大学章句》释格物、致知）昧者或谓天下之物，不可胜格；或问豁然贯通，究在何日？此乃痴话。此所谓格物，本非如今物理学之所谓物理，乃谓吾人处事之理。处事时事事用心推求，久之，则处事之理明白。正如读书多则文理自通。岂有驳读书者曰"天下之书，安可胜读；文理之通；究在何日"者邪？故此初不足难程、朱难矣也。

所难者，逐事用心，劳而寡要，不免陆子之所谓"支离"耳。故陆子欲先立乎其大者。然离开事物，而欲先用力于心，又不免失之空洞矣。若心之大本已立，又何须用功邪？

故必待王阳明出，谓知者心之体。用力于知，即是用于心。而心之本体既为知，必有被知之客体，客体即物也。主客体不能分离，故用力于物，亦即用力于知。至此，然后朱、陆之说，可合为一也。敢曰：自朱、陆至王，实系辩证法之进化也。

心（知）————王

心————道德之部、知识之部————朱、陆

宋学自朱、陆而外，又有浙学一派。此派起于吕祖谦。[字伯恭。]祖谦好读史，[重事功故。时人为言："伯恭知古，君举知今。"]浙东学者承之。其后分为永嘉、永康两派，永嘉以陈傅良[字君举]、叶适（字水心。在诸人中最有才德，然于理论上颇粗浅）为眉目，永康则以陈亮[字同父]为巨擘。亮与朱子之辩论，乃针对贵王贱霸之意而发，其意谓英雄豪杰之心，皆有合乎天理之处，特不能纯耳，就其合时，亦与圣贤无异，故不可一概排斥，反使人认为不合天理，亦可有成：其言殊有理致。特亮之为人，不甚轨于正耳。叶适则颇攻宋人之空谈，其议论几于从根本上攻击宋学矣。宋代浙学，实开清代浙东史学之先路，亦为源远流长；但在理学中，不能称为正宗，以理学重内心，浙学偏重事功也。关学（张载一派）亦重实行，但偏于冠、昏①、丧、祭之礼及缔约等，偏重社会事业及风俗改良。浙学则喜言礼、乐、兵、刑，偏重政治制度：此二者之异也。

理学家虽系以唯物论攻击佛学之唯心论，然其结果堕入空虚，亦与佛学家无异。惟佛家究尚有一成佛之希冀，虽后来竭力遮拨，究竟能知此意者系属少数，理学家讥其多着这些例子，如一点浮云翳太虚，不是真空者也：此由佛家本系宗教故然。理学则起源便非宗教，

---

① "昏"通"婚"。——编者注

且系因反对佛教而起，而又能吸收佛教之长，故其自修之严肃，与笃信力行之宗教徒无异；而其脱尽迷信及祈求福报之观念，则非任何宗教徒所能逮也。其践履之严肃，纯以求本心安而已。人智日进，迷信无存在之余地，而感情不可无以陶冶之。现存之宗教，一切崩溃后，果何以陶冶人之感情邪？此种纯求本心之安之宗教作用，必大显其价值矣。

第十讲

清代考据学

理学至王阳明，发达已臻极点。故此后学术之发达，方向遂转变，是为清代考证之学。

考证之学之初兴，不过厌宋学末流之空疏，务"多读书""求是"而已。其风实起自明世。专务博学者如焦竑、陈第等是也。兼讲经世者，如顾炎武、黄宗羲、王夫之等是也。诸人不但不排斥理学，且于理学入之甚深；但在讲经学时，不肯墨守宋人之说而已。降及清代康、雍之间，尚系如此。后人称为"汉、宋兼采派"（见《四库书目》）。至乾、嘉时，学者乃专务"搜辑""阐发"汉人之说；于宋儒之说，置之不论不议之列。至此，乃成为纯粹之汉学，为清代学术之中坚。

汉学家之功绩，在（1）通训诂；（2）勤校勘；（3）善搜辑；（4）精疏证：故使a.古书之误者可正、b.佚者后复见、c.古义之晦者复明；（5）而其实事求是，尊重客观之精神，于学者裨益尤大。惟其人无甚宗旨，内而身心，外而社会，皆非所措意。故梁任公谓为方法运动，而非主意运动也（见所著《清代学术概论》）。

考据学派之初兴，只是厌宋学末流之空疏，务多读书而已。其人并不反对宋学，且多深入宋学者，顾亭林（炎武）、黄梨洲（宗羲）、王船山（夫之）等无论矣，[顾氏所著《郡县论》等经世之学，多本诸宋学。黄氏著《明夷待访录》，人多仅称其《原君》《原臣》篇，实乃具彻底改革整个社会之精神，亦来自宋学也。诸人于汉学仅其一端，且或并非其主要者，不过因清代汉学大行，而诸人亦遂以汉学著矣。]即焦弱侯（竑）等亦然也。诸儒之立身及经世，仍以宋学为归，唯说经及考证古事，不囿于宋人之说耳。此派，后来之人，自经学之立场言之，称为汉宋兼采派。梁任公著《清代学术概论》称胡渭、阎若璩为汉学之开山人物（以胡著《易图明辨》，攻击宋人所谓《河图》《洛书》；阎著《古文尚书疏证》，就众所共尊之经，证明其为伪作之故），亦在此派中。必至其所言者，专于疏通证明，补苴（jū）缀给，而不复存一合汉宋之说而评判其是非之见，乃得称为纯正之汉学（此等人自亦非不可兼治宋学）。

汉学家人物甚多，难遍疏举。日人某分为皖、吴两派，章炳麟采其说，大致是也。皖派当以戴震为巨擘。近人多称道其《原善》及《孟子字义疏证》之说，以余观之，此说并无足取，此点俟后再论。皖派之伟绩，在长于小学。其巨子为段玉裁及王念孙。段为精治《说文》者之始（清之治《说文》者，并非专于《说文》一书；乃以《说文》为中心，而旁及其他字书），王则精治古人文法之始也。[王著《读书杂志》，曾国藩称其能含蕴语气而得正确之解释；以今日言之，则为精治文法之学也。其子王引之著《经传释词》。]俞樾（yuè）之《古书疑义举例》，又为王之支流余裔。吴派当以惠栋为大宗，此派之伟绩，在长于搜辑及疏释。余萧客（《古经解钩沉》）、王鸣盛（《尚书后案》）、陈乔枞（《三家诗遗说考》）等，皆其代表人物。至于对一问题，搜罗证据，务极其周；疏释论断，务极其慎，则两派之所同也。

道、咸以后，经学又形成今文一派。此派起于常州之庄（存与）

刘（申受），衍于仁和之龚（自珍）、邵阳之魏（源），而极盛于近代之廖平及康有为。考据之学，最重源流派别，经学尤甚。分析汉、宋之后，再分析汉人之派别，本无足怪。惟此派之有声光，不尽在学术方面，而兼在政论方面。故如陈乔枞之专辑今文经说，不参议论者，今学派并不重之。分析今古文之精，莫如廖平，晚亦好为怪论也。此派议论，多带有经世色彩，（1）庄、刘，（2）龚、魏至（3）康有为，逐步加甚。此由（1）西汉经学，本重经世；（2）而时事日亟，亦有以诱之也。从纯学术立场言之，康有为新学伪经之说实非是。廖平分析今古学为齐、鲁学，则极可取。余为补充：齐学为治大国之规模，兼重节制资本；鲁学为治次等国之规模，但重平均地权（又极重教化）。新莽一派人，所以扶立古学者，由其所行政策，欲兼二者之故：似颇足备一解也。

　　清儒中，反对宋儒之理论者，著者有二派。一为戴震，说见其所著《原善》及《孟子字义疏证》。以为宋儒偏于言理而不顾人情，以改（1）视食色之欲，饥寒之患，为人情所不能免者，皆若无足轻重；而徒实一般人以旷世之高节。（2）太重名分，如君父与臣子之关系，几于不复论其是非。故主舍理而论情，情之所安，即为义之所在。案以凡民之欲为无足重轻，而不为之谋满足，宋儒并无其事，[宋儒甚注意井田、社会、水利等。]说近于诬。至于不得已之时，教民以轻生而重义，亦凡立教者皆如是。过重名分，宋儒诚有此弊，此由不知经传所言，乃就当时之社会立说，亦时君父之权固重也；至宋世，社会业已较为平等，宋儒不知此为社会之进步，而执古人之所言为天经地义，欲强后世之社会以就之，则人心觉其不平矣。然宋儒受病之原，戴氏并不知之；乃咎其偏于言理，而欲救之以情。不知情无客观标准，固有行之者以为协乎人情，而受之者以为不能堪者矣。况宋儒所言之理，并非吾人当下推度所得之理；其所谓理者，必人欲去尽而后能见；故就实际言之，亦可谓无人能见得此理；其说用诸实际，诚不免失之空洞，然非如戴氏之所诋也。

又一派为颜元[习斋]，则其所反对者，不仅限于宋学，特于宋学为尤甚耳。其说讥中国之读书人，大偏于纸上，而不习实务。于宋学之空谈心性，并书而不读者，自然反对尤烈矣。谓求之于心，久之而自觉其可信者，实系一种心理变态，逮用诸实事，则全不足恃。故主恢复古人六艺之教（礼、乐、射、御、书、数），凡事皆须实习。案谓中国读书人太疏于实务，自亦不错。但研究发明，与实际应用，分为两途：（1）由人性如有所长，（2）亦分工合作之理。若如颜氏所云，势必至降低学问之程度而后止。章炳麟讥颜氏弟子，[李塨（gōng），字刚主。]言数则仅通筹算之乘除，言书则粗知今隶之讹谬；即其明验。

又有调和于汉、宋之间，而兼调和于文与学之间者，是为桐城派义理、考据、辞章，三者不可缺一之说。此说创自姚鼐（姬传），后来桐城派皆宗之。章学诚之议论，亦于此为近。曾国藩本服膺姚鼐，故亦主此说，特其晚年，又间或益之以经济（中国所谓经济，包括极广，非今经济学之义），为四门耳。此说可谓甚正。但不分别普通及专门，则欲一人兼擅三者极难。即桐城派之本身，亦偏于辞章，于汉、宋二学之间，则又侧重于宋也（如方植之著《汉学商兑》，力诋汉学，即其一极端之例）。

清代有特色之学术，尚有浙东学派之史学。浙西学派，亦推其考证之功，旁及史事；但多就事实为之补苴订正，而通观全局具有史识者甚少。[如钱大昕之《廿二史考异》，王鸣盛之《十七史商榷》，赵瓯北之《廿二史劄记》等皆是。]浙东派则与之相反[如万季野、全谢山等]。盖浙西学派，乃承王应麟、黄榦（gàn）等之遗绪，为朱学中之一派。而浙东学术，则仍承宋时浙学之遗绪者也（吕祖谦一派）。[此义《文史通义》首发之。]以今日眼光观之，则浙西派近于专门史家，浙东派近于通史家；唯通史乃可称史学之正宗（专门史仍可归入各种专门科学内），故必浙东派乃可称为史学之正宗也。

浙东派最重要之人物为章学诚。其重要之著作，为《文史通义》，[论文之语，固颇切当，然于文学上之价值并不高。其要乃在史学。]其大功，在发明1.史料与作成之史非一物；2.储备史料，宜求其丰富，著作历史，则当求其简；3.记注、比次，各为一事。吾国史学，有三名著：（1）刘知几之《史通》；（2）郑樵之《通志序》；（3）章学诚之《文史通义》。（1）为始讲史法者；（2）为扩充史之内容者；（3）则确立史学与他学之界限，阐发史学真相者。必史籍稍多，乃想及讲史法；必人须之知识渐进步，乃觉史之所载为不备；必学问之内容，愈积愈丰富，乃感觉分种之必要。三先生之著作，恰代表史学进化之三阶级，亦时势使然也。

章氏对于汉、宋学及文学之意见，其结论颇近桐城派（义理、考据、辞章三者不可缺一），此无足深论。而其"六经皆史"之说，实由其对宋学之见解而来；此说能了解者颇少，致多误会，请一论之。

六经皆史者，章实斋对于宋学末流空谈心性之反动；固谓圣人不以空言立教，因之谓六经皆史。然在考证上，其说卒不能成立：盖执狭义之史（史官所载往事）为史，则六经除《书》与《春秋》之外，明明非史。若将史之义推而广之，谓一切故事之职掌，皆关涉史官；则如释学问，凡以文字记之者，何一不可目之为史；将史官之外无他职，而推原古代学术出于官守者，亦除史官而外，更无原本矣，有是理乎？章氏于六经皆史之说，引证论断，多属支离；《易》无可说，乃至牵涉历法，则更不足辨矣（所引者，皆后人以历法附会《易》之辞，非作《易》时历已发达至此程度也）。后来祖述章氏之说者，大抵不能离"学术必资记载，记载专职诸史官"一观念，非此则六经皆史之说，不能主持也。至近世之章太炎，则因受此观念之影响，专认史官所记者为史（其余即非金石证亦认为价值大减）；于是骂康有为为妄人。[章氏之论谓："如是没丘明之劳，谓仲尼不专著录。假令生印度、波斯之墟，知己国之文化绵远，而欲考其事，文献无征；然后愤发于故书，哀思于国命矣。"（《国故论衡》）]而不知论史材、史官所记，与传说、神话及他种著述，各有其用也。其又一反动，则为胡适之、顾颉刚一派。胡氏专取《诗经》《楚辞》为史料。顾氏初亦宗之；后虽渐变其说，而仍目古史官所记者为伪造（如世系事。于此问题，章太炎辨古史官所记与神话非同物，却不错）：皆不免固执一说，而未能观其会通也。

\第十一讲\
中国近代之思想家

顾炎武。发明有亡国（今所谓王朝）、有亡天下（今所谓国家、民族）之说，为民族主义之先驱。

黄宗羲。《明夷待访录》中《原君》《原臣》两篇，为民权主义之先驱。然此大体上仍不能出宋学之范围，泛览理学家之书多者自知之。

俞正燮。亦一考据家。但深知古今社会之异，古之并不足尚。《癸巳类稿》《存稿》中，此类作品甚多。在思想方面，非他家可及。但此亦不出汉学之范围。因汉学家中，亦时有能见到真际者，但不如俞氏之多而且透彻耳。

其与近代思想关系最密切者，当首推龚自珍。（自珍与魏源并称。在学问方面，自珍远不如源之切实；以思想论，则源不如自珍之恢奇）梁启超谓近代之思想家，最初无不受自珍之影响，且多好之甚深；此事实也。大抵今文经说，多有与后世普通思想异者，故思想瑰奇者多好焉。庄（存与）、刘（逢禄）已微启其端，至龚、魏而大，至康有为而极。若王闿（kǎi）运、廖平，则流于荒怪，乃走入旁门，不足道矣。但廖氏分别古书源流派别之法，确系极精；其自己所立之说虽荒怪，而此方法在古史研究上，将来必能放一异彩也（现在蒙文通颇能用之）。[前人仅知以古书之整部，言其学问派别。而廖氏知古书之不尽纯，乃就其一章一节而分别之；此其所以胜于前贤也。]

康有为之学问，体段颇大。康氏之思想，自成一系统。其所用其资料者，则（1）西汉以前经学家之微言大义，（2）佛学，（3）理学，（4）又杂以西洋之科学、历史、政治制度、社会风俗等。康氏最富于六经皆我注脚之精神；其所取为资料者，不过取为资料，以佐吾说而已；或非其说之真相也。康氏原非考据家。现在，有从考据方面，采取其说者，如顾颉刚、钱玄同；有从考据方面驳斥之者，如钱穆。于康氏价值，均不能为增损。

康有为之思想，自成一体段。彼视天下终可达于太平，而其致之必以渐；乃以《礼运》大同、小康及《春秋》三世（据乱而作，进于升平，再进于太平）之说佐之。其对于宗教感情之热烈，及其论修察克治之精严，则其精神，得诸佛学及宋学。其重视物质（有为著《物质救国论》），则其得诸近代欧化之观感者也。有为之为人也，富于理想，而于眼前之事实，认识不甚清楚。观其后来竭力反对对德宣战，且固执民主政体，必至争端，因之牵入复辟案中可知。

其弟子梁启超，世与其师并称为康、梁；实则性质与其师大异。启超之为人也，博学多通，而自己并无心得。但于各种学术，能（1）多所通晓；（2）且能观其会通；（3）又能援引学理，以批评事实。故其言论，对一般之影响甚大。

与康、梁同时者，尚有一谭嗣同，著有《仁学》一书；其思想之体段，亦颇伟大。但立说太幼稚、太杂乱，盖因早死，其思想未能成熟也。

此外近代有思想者，尚有一章炳麟（亦名绛）。其人之思想，并不伟大，亦不精深，但极刻核，遇事皆能核其真相，不但就其表面立论；故不牵于感情，震于名声，如其所作《代议然否论》，是其一例。又有严复，论事亦主核实，近于炳麟。要之，近代之思想家，康有为近墨家、儒家、阴阳家，梁启超近纵横家，章炳麟、严复近法家。此外徒读故书，贩译新说，自己并无心得，皆不足称为学也。

西学输入以后中国学术曾受何等影响？此当以根本改变吾人之思想者为限。若忠实翻译，或引伸发论，则仍是他人之学术也。以吾观之，中国学术思想，受西洋之影响者，有下列数问题：（1）受科学之影响而知求真；（2）不责实用；（3）知分科之当务细密：此皆方法问题。在主义上，其初"中学为体西学为用"之说，固不足论。后来偏重政治；实则西洋政治学说，与中国并无根本异点。其最后能改变中国人之思想者，达尔文之《种源论》①，马克思之《资本论》；此两书本非只讲一种学问，其影响，可使各种学问之观点，皆因之而改变者也（凡学问，必如此，乃可谓之伟大。但此等大发明，多系时代为之，非尽个人之聪明才力也）。[《种源论》盛于民国前十余年至民五六年，自强之观念，由是普遍于中国。《资本论》盛于民五六年至今日，由是而得认识社会组织（社会之组织，各有不同，皆随环境而定，并无优劣之分）。至于其他西洋有名之学说，若"四度空间"等，则以不合中国学术之个性，未能有影响于中国（四度空间为物理学上最有价值者，而于哲学上则平；中国哲学之发达，远胜于物理学；故其说亦鲜有注意者矣）。学术之事，穷极则复；苟于其穷时，有一新学术输入，而惬心贵当，则遂假而用之，不复劳自己进行新发现。故设西洋学术不于是输入，中国学术亦自将另起一新局面。此犹玄学之后，适有高深之佛教输入，而学者不复旁求矣。]

---

① 《种源论》即《物种起源》。——编者注

第二篇

经子解题

自　序

　　本书皆予讲学时所论，及门或笔录之，予亦稍加补正。群经及先秦诸子之真者，略具于是矣。所积既多，或谓其有益初学，乃加以编次，裒（póu）为一帙，印以问世焉。此书有益初学之处凡三：切实举出应读之书，及其读之之先后，与泛论大要、失之肤廓及广罗参考之书失之浩博令人无从下手者不同，一也。从前书籍解题，多仅论全书大概，此多分篇论列，二也。论治学方法及书籍之作，亦颇浩繁；初学读之，苦不知孰为可据，此所举皆最后最确之说，且皆持平之论，三也。然学问之道，贵自得之，欲求自得，必先有悟入处。而悟入之处，恒在单词只义、人所不经意之处，此则会心各有不同，父师不能以喻之子弟者也。昔人读书之弊，在于不甚讲门径，今人则又失之太讲门径，而不甚下切实工夫，二者皆弊也。愿与承学之士共勉之。弩牛自识。民国十三年（1924）七月。

\ 第十二讲 \
论读经之法

　　吾国旧籍，分为经、史、子、集四部，由来已久。而四者之中，集为后起。盖人类之学问，必有其研究之对象。书籍之以记载现象为主者，是为史；就现象加以研求、发明公理者，则为经、子。固无所谓集也。然古代学术，皆专门名家，各不相通。后世则渐不能然。一书也，视为记载现象之史一类固可，视为研求现象、发明公理之经、子一类，亦无不可。论其学术流别，亦往往兼搜并采，不名一家。此等书，在经、史、子三部中，无类可归；乃不得不别立一名，而称之曰"集"。此犹编新书目录者，政治可云政治，法律可云法律，至不专一学之杂志，则无类可归；编旧书目录者，经可曰经，史可曰史，至兼包四部之丛书，则不得不别立丛部云尔。

　　经、子本相同之物，自汉以后，特尊儒学，乃自诸子书中，提出儒家之书，而称之曰经。此等见解，在今日原不必存。然经之与子，亦自有其不同之处。孔子称"述而不作"，其书虽亦发挥己见，顾皆以旧书为蓝本。故在诸家中，儒家之六经，与前此之古书，关系最大。（古文家以六经皆周公旧典，孔子特补苴缀拾，固非；今文家之偏者，至谓六经皆孔子手著，前无所承，亦为未是。六经果皆孔子手著，何不明白晓畅，自作一书；而必伪造《生民》、虚张《帝典》乎？）治之之法，亦遂不能不因之而殊。章太炎所谓"经多陈事实，诸子多明义理；贾、马不能理诸子，郭象、张湛不能治经"是也（《与章行严论墨学第二书》，见《华国月刊》第四期）按此以大较言之，勿泥）。又学问之光大，不徒视前人之倡导，亦视后人之发挥。儒学专行二千年，治之者多，自然日益光大。又其传书既众，疏注亦详，后学钻研，自较治诸子之书为易。天下本无截然不同之理；训诂名物，尤为百家所同。先明一家之书，其余皆可取证。然则先经后子，固研求古籍之良法矣。

欲治经，必先知历代经学变迁之大势。今按吾国经学，可大别为汉、宋二流；而细别之，则二者之中，又各可分数派。秦火之后，西汉之初，学问皆由口耳相传，其后乃用当时通行文字，著之竹帛，此后人所称为"今文学"者也。末造乃有自谓得古书为据，而訾（zǐ）今文家所传为阙误者，于是有"古文之学"焉。今文学之初祖，《史记·儒林传》所列，凡有八家：所谓"言《诗》，于齐则辕固生，于燕则韩太傅；言《书》，自济南伏生；言《礼》，自鲁高堂生；言《易》，自菑川田生；言《春秋》，于齐、鲁自胡毋生，于赵自董仲舒"是也。东京立十四博士：《诗》鲁、齐、韩；《书》欧阳、大小夏侯；《礼》大小戴；《易》施、孟、梁丘、京；《春秋》严、颜；皆今文学。古文之学：《诗》有毛氏，《书》有《古文尚书》，《礼》有《周礼》；《易》有费氏；《春秋》有左氏，皆未得立。然东汉末造，古文大盛，而今文之学遂微。盛极必衰，乃又有所谓伪古文者出。伪古文之案，起于王肃。肃盖欲与郑玄争名，乃伪造古书，以为证据——清儒所力攻之伪古文《尚书》一案是也（参看后文论《尚书》处）。汉代今古文之学，本各守专门，不相通假。郑玄出，乃以意去取牵合，尽破其界限。王肃好攻郑，而其不守家法，亦与郑同（二人皆糅杂今古，而皆偏于古）。郑学盛行于汉末；王肃为晋武帝外祖，其学亦颇行于晋初；而两汉专门之学遂亡。此后经学乃分二派：一以当时之伪书玄学，羼入其中，如王弼之《易》，伪孔安国之《书》是。一仍笃守汉人所传，如治《礼》之宗郑氏是。其时经师传授之绪既绝，乃相率致力于笺疏。是为南北朝义疏之学。至唐代纂《五经正义》，而集其大成（南北朝经学不同。《北史·儒林传》："其在江左：《周易》则王辅嗣，《尚书》则孔安国，《左传》则杜元凯。其在河洛：《左传》则服子慎，《尚书》《周易》则郑康成。《诗》则并主于毛公，《礼》则同遵于郑氏。"是除《诗》《礼》外，南方所行者，为魏、晋人之学；北方所守者，则东汉之古文学也。然逮南北统一，南学盛而北学微，唐人修《五经正义》，《易》取王，《书》取伪孔，《左》取杜，而服、郑之学又亡）。以上所述，虽派别不同，而同导源于汉，可括之于汉学一流者也。

北宋之世，乃异军苍头特起。宋人之治经也，不墨守前人传注，而兼凭一己所主张之义理。其长处，在能廓清摧陷，一扫前人之障翳，而直凑单微；其短处，则妄以今人之意见测度古人，后世之情形议论古事，遂至不合事实。自南宋理宗以后，程、朱之学大行。元延祐科举法，诸经皆采用宋人之书。明初因之。永乐时，又命胡广等修《四书五经大全》，悉取宋、元人成著，抄袭成书。自《大全》出，士不知有汉、唐人之学，并不复读宋、元人之书；而明代士子之空疏，遂于历代为最甚。盖一种学问之末流，恒不免于流荡而忘反①。宋学虽未尝教人以空疏，然率其偏重义理之习而行之，其弊

---

① "反"通"返"。——编者注

必至于此也。物穷则变，而清代之汉学又起。

清儒之讲汉学也，始之以参稽博考，择善而从，尚只可称为汉、宋兼采。其后知凭臆去取，虽极矜慎，终不免于有失，不如专重客观之为当也（其理见下）。于是屏宋而专宗汉，乃成纯粹之汉学。最后汉学之中，又分出宗尚今文一派，与前此崇信贾马许郑者立别。盖清儒意主复古，剥蕉抽茧之势，非至于此不止也。

经学之历史，欲详陈之，数十万言不能尽。以上所云，不过因论读经之法，先提挈其纲领而已。今请进言读经之法。

治学之法，忌偏重主观。偏重主观者，一时似惬心贵当，而终不免于差缪。能注重客观则反是（今试设一譬：东门失火，西门闻之，甲乙丙丁，言人人殊。择其最近于情理者信之，则偏重主观之法也。不以己意定其然否，但考其人孰为亲见，孰为传闻；同传闻也，孰亲闻诸失火之家，孰但得诸道路传述；以是定其言之信否，则注重客观之法也。用前法者，说每近情，而其究多误；用后法者，说或远理，而其究多真。累试不爽）。大抵时代相近，则思想相同。故前人之言，即与后人同出揣度，亦恒较后人为确。况于师友传述，或出亲闻；遗物未湮，可资目验者乎？此读书之所以重"古据"也。宋人之经学，原亦有其所长；然凭臆相争，是非难定。自此入手，不免失之汗漫。故治经当从汉人之书人。此则治学之法如是，非有所偏好恶也。

治汉学者，于今、古文家数，必须分清。汉人学问，最重师法，各守专门，丝毫不容假借（如《公羊》宣十五年何注，述井田之制，与《汉书·食货志》略同，然《汉志》用《周官》处，《解诂》即一语不采）。凡古事传至今日者，率多东鳞西爪之谈。掇拾丛残，往往苦其乱丝无绪；然苟能深知其学术派别，殆无不可整理之成两组者。夫能整理之成两组，则纷然淆乱之说，不啻皆有线索可寻（今试举一实例。如三皇五帝，向来异说纷如，苟以此法驭之，即可分为今、古文两说。三皇之说，以为天皇十二头，地皇十一头，立各一万八千岁；人皇九头，分长九州者，《河图》《三五历》也。以为燧人、伏羲、神农者，《尚书大传》也。以为伏羲、神农、燧人，或曰伏羲、神农、祝融者，《白虎通》也。以为伏羲、女娲、神农者，郑玄也。以为天皇、地皇、泰皇者，始皇议帝号时秦博士之说也。除纬书荒怪，别为一说外，《尚书大传》为今文说，郑玄偏重古文。伏生者，秦博士之一。《大传》云："燧人以火纪，阳尊，故托燧皇于天；伏羲以人事纪，故托羲皇于人；神农悉地力，种谷蔬，故托农皇于地。"可见儒家所谓三皇者，义实取于天、地、人。《大传》与秦博士之说，即一说也。《河图》《三五历》之说，司马贞《补三皇本纪》，列为或说；其正说则从郑玄。《补三皇本纪》述女娲氏事云"诸侯有共工氏，与祝融氏战，不胜，而怒。乃头触不周之山，天柱折，地维缺。女娲乃炼五色石以补天"云云。上言祝融，下言女娲，即祝融即女娲。《白虎通》正说从今文，以古文备或说；或古文说为后人窜入也。五帝之说，《史记》《世本》《大戴礼》，并以黄帝、颛顼、帝喾、尧、舜当之；郑玄说多一少昊。今按《后汉书·贾逵传》，逵言："五经家皆言颛顼代黄帝，而尧不得为火德。左氏以为少昊代黄帝，即图谶所谓帝宣也。如令尧不得为火德，则汉不得为赤。"则左氏家增入一少昊，以六人为五帝之情可见矣。《史记》《世本》《大戴礼》皆今文说，左氏古文说也）。且有时一说也，主张之者只一二人；又一说也，主张之者乃有多人，似乎证多而强矣。然苟能知其派别，即可知其辗转祖述，仍出一师。不过一造之说，传者较多；一造之说，传者较少耳。凡此等处，亦必能分清家数，乃不至于听荧也。

近人指示治学门径之书甚多，然多失之浩博。吾今举出经学入门简要之书如下：

皮锡瑞《经学历史》。此书可首读之，以知历代经学变迁大略。

廖平《今古文考》。廖氏晚年著书，颇涉荒怪。早年则不然。分别今古文之法，至廖氏始精确。此书必须次读之。

康有为《新学伪经考》。吾举此书，或疑吾偏信今文，其实不然也。读前人之书，固可以观其事实，而勿泥其议论。此书于重要事实，考辨颇详，皆前列原书，后抒己见；读之，不啻读一详博之两汉经学史也。此书今颇难得；如能得之者，读廖氏《今古文考》后，可续读之。

《礼记·王制注疏》、《周礼注疏》、陈立《白虎通疏证》、陈寿祺《五经异义疏证》。今古文同异重要之处，皆在制度。今文家制度，以《王制》为大宗；古文家制度，以《周礼》为总汇。读此二书，于今古文同异，大致已可明白。两种皆须连疏注细看，不可但读白文，亦不可但看注。《白虎通义》，为东京十四博士之说，今文学之结晶也。《五经异义》，为许慎所撰，列举今古文异说于前，下加按语，并有郑驳[1]，对照尤为明了。二陈疏证，间有误处；以其时

---

[1] 郑驳即郑玄所著之《驳五经异义》。——编者注

今古文之别，尚未大明也。学者既读前列各书，于今古之别，已可了然，亦但观其采摭（zhí）之博可矣。

此数书日读一小时，速则三月，至迟半年，必可卒业。然后以读其余诸书，即不虑其茫无把握矣。

古代史书，传者极少。古事之传于后者，大抵在经、子之中。而古人主客观不甚分明；客观事实，往往夹杂主观为说（甚有全出虚构者，是为寓言。参看后论读子之法）；而其学问，率由口耳相传，又不能无讹误；古书之传于今者，又不能无缺佚。是以随举一事，辄异说蜂起，令人如堕五里雾中。治古史之难以此。苟知古事之茫昧，皆由主客观夹杂使然，即可按其学术流别，将各家学说，分别部居；然后除去其主观成分而观之，即古事之真相可见矣。然则前述分别今古文之法，不徒可施之儒家之今古文，并可施之诸子也。此当于论读子方法时详之。唯有一端，论读经方法时，仍不得不先述及者，则"既知古代书籍，率多治其学者东鳞西爪之谈，并无有条理系统之作，而又皆出于丛残掇拾之余；则传之与经，信否亦无大分别"是也。世之尊经过甚者，多执经为孔子手定，一字无讹；传为后学所记，不免有误。故于经传互异者，非执经以正传，即弃传而从经，几视为天经地义。殊不知尼山删订，实在晚年，焉能字字皆由亲笔？即谓其字字皆由亲笔，而孔子与其弟子，亦同时人耳，焉见孔子自执笔为之者，即一字无讹？言出于孔子之口，而弟子记之，抑或推衍师意者，即必不免有误哉？若谓经难私造，传可妄为，则二者皆汉初先师所传，经可信，传亦可信；传可伪，经亦可伪也（若信今文之学，则经皆汉代先师所传，即有讹缺，后人亦无从知之。若信古文之学，谓今文家所传之经，以别有古经，可资核对，所异唯在文字，是以知其可信；则今文先师，既不伪经，亦必不伪传也）。是以汉人引用，经、传初不立别。崔适《春秋复始》，论"汉儒引《公羊》者皆谓之《春秋》；可见当时所谓《春秋》者，实合今之《公羊传》而名之"甚详。余谓不但《春秋》如此，即他经亦如此。《太史公自序》，引《易》"失之毫厘，谬以千里"（此二语汉人引者甚多，皆谓之《易》）。今其文但见《易纬》。又如《孟子·梁惠王下篇》，载孟子对齐宣王好勇之问曰："《诗》云：王赫斯怒，爰（yuán）整其旅，以遏徂（cú）莒，以笃周祜，以对于天下。此文王之勇也。文王一怒而安天下之民。《书》曰：天降下民，作之君，作之师；惟曰其助上帝，宠之四方，有罪无罪，惟我在，天下曷敢有越厥志。一人衡行于天下，武王耻之。此武王之勇也。而武王亦一怒而安天下之民。""此文王之勇也"，"此武王之勇也"，句法相同；自此以上，皆当为《诗》《书》之辞；然"一人衡行于天下，武王耻之"，实为后人评论之语。孟子所引，盖亦《书》《传》文也。举此两事，余可类推。（近人过信经而疑传者甚多。予去岁《辨梁任公阴阳五行说之来历》一文，曾力辨之。见《东方杂志》第二十卷第二十册，可以参观。又如《北京大学月刊》一卷三号，载朱君希祖整理中国最古书籍之方法论，谓欲"判别今古文之是非，必取立敌共许之法。古书中无明文、今古文家之传说，一概捐除。唯《易》十二篇、《书》二十九篇、《诗》三百五篇、《礼》十七篇、《春秋》、《论语》、《孝经》七书，为今古文家所共信。因欲取为判别二家是非之准。"朱君之意，盖欲弃经说而用经文，亦与梁君同蔽。姑无论经、传信否，相去不远。即谓经可信，传不可信，而经文有不能解释处，势必仍取一家传说，是仍以此攻彼耳，何立敌共许之有？今古说之相持不决者，固各有经文为据，观许慎之《五经异义》及郑驳可见也。决嫌疑者视诸圣，久为古人之口头禅，岂有明有经文可据，而不知援以自重者哉？大抵古今人之才智，不甚相远。经学之所以聚讼，古事之所以茫昧，自各有其原因。此等疑难，原非必不可以祛除，然必非一朝所能骤决。若有如朱君所云直截了当之法，前此治经之人，岂皆愚骏（ái），无一见及者邪？）

治经之法，凡有数种：（1）即以经为一种学问而治之者。此等见解，由昔日尊经过甚使然，今已不甚适合。又一经之中，所包甚广，人之性质，各有所宜，长于此者不必长于彼。因治一经而遍及诸学，非徒力所不及，即能勉强从事，亦必不能深造。故此法在今日不甚适用。（2）则视经为国故，加以整理者。此则各本所学，求其相关者于经，名为治经，实仍是治此科之学，而求其材料于古书耳。此法先须于所治之学，深造有得，再加以整理古书之能，乃克有济。此篇所言，大概为此发也。（3）又有因欲研究文学，而从事于读经者。其意亦殊可取。盖文学必资言语，而言语今古相承，不知古语，即不知后世言语之根源。故不知最古之书者，于后人文字，亦必不能真解。经固吾国最古之书也。但文学之为物，不重在死法，而贵能领略其美。文学之美，只可直觉；非但徒讲无益，抑亦无从讲起。今姑定一简明之目，以为初学诵习参考之资。盖凡事熟能生巧，治文学者亦不外此。后世文学，根源皆在古书。同一熟诵，诵后世书，固不如诵古书之有益。而欲精研文学，则数十百篇熟诵之文字，固亦决不能无也。

《诗》

此书近今言文学者必首及之，几视为第一要书。鄙意少异。韵文视无韵文，已觉专门；谈韵文而及于《诗经》，则其专门更甚。何者？四言诗自汉魏后，其道已穷；非专治此一种文学者，不易领略其音节之美，一也。诗之妙处，在能动人情感；而此书距今太远，今人读之，实不能知其意之所在，二也。（诗义之所以聚讼莫决者，其根源在此。若现在通行之歌谣，其有寓意者，固人人能知之也）故此书除专治古代韵文者外，但略事泛览，知其体例；或择所好熟诵之即可。

《书》

《书》之文学，别为一体。后世作庄严典重之文字者，多仿效之。若细分之，仍有三种：（1）最难通者，如《周诰》《殷盘》是。（2）次难通者，通常各篇皆是。（3）最易通者，如《甘誓》《牧誓》《金縢（téng）》诸篇是。第一种存古书原文盖最多；第三种则十之八九，殆皆孔子以后人所为也。此书文字虽不易解，然既为后世庄严典重之文字所从出，则亦不可不熟诵而求其真了解。《洪范》《无逸》《顾命》（兼今本《康王之诰》）《秦誓》四篇，文字最美，如能熟诵更妙。《禹贡》一篇，为后世地志文字体例所自出，须细看。

《仪礼》《礼记》《周礼》

《仪礼》《周礼》，皆记典制之书，不必诵读；但须细看，知其体例（凡记述典制之文皆然）。《礼记》一书，荟萃诸经之传及儒家诸子而成（见后）。文学亦极茂美。（论群经文学者，多知重左氏，而罕及小戴，此皮相之论也。左氏所叙之事，有与《檀弓》同者；二者相较，左氏恒不如《檀弓》。其余论事说理之文，又何一能如《戴记》之深纯乎？）不可不择若干篇熟诵之也。今更举示篇名如下：《檀弓》为记事文之极则，风韵独绝千古，须熟读；《王制》为今文学之结晶，文字亦极茂美，可熟读。既有益于学问，又有益于文学也。《文王世子》，文最流畅；《礼运》《礼器》，文最古雅；《学记》《乐记》，文最深纯；《祭义》，文最清丽；《坊记》《表记》《缁（zī）衣》，三篇为一类，文极清雅；《儒行》，文极茂美；《冠义》《昏义》《乡饮酒义》《射义》《燕义》《聘义》六篇，为《仪礼》之传，文字亦极茂美。以上诸篇，皆可熟读。然非谓《戴记》文字之美者遂尽于此，亦非谓吾所指为最美者必能得当，更非敢强人之所好以同于我也，聊举鄙意，以供读者之参考耳。

《易》

此书《卦辞》《爻辞》，知其体例即可。《象辞》《文言》《系辞传》，文学皆极美，可择所好者熟诵之；《序卦》为一种序跋文之体，可一看。

《春秋》

"三传"文字，自以《左氏》为最美。其文整齐研练，自成风格，于文学上关系极巨。《左氏》系编年体，其文字一线相承，无篇目，不能列举其最美者。大抵长篇词令叙事，最为紧要；但短节叙事，寥寥数语，亦有极佳者，须细看。《公羊》为《春秋》正宗，讲《春秋》者，义理必宗是书；论文学则不如《左氏》之要。读一过，知其体例可矣（《公羊》之文字为传体，乃所以解释经文，与《仪礼》之传同。后人无所释之经，而抑或妄效其体，此大谬也。此等皆不知义例之过。故讲文学，亦必须略知学问）。《穀梁》文体与《公羊》同。

《论语》《孟子》

此两书文极平正，有极简洁处，亦有极反复排奡（ào）处（大抵《论语》，简洁者多，然亦有反复排奡者，如"季氏将伐颛臾"章是；孟子反复排奡者多，然亦有极简洁者，如各短章皆是），于文学极有益。凡书之为大多数人所习熟者，其义理，其事实，其文法，其辞句，即不期而为大多数人所沿用，在社会即成为常识。此等书即不佳，亦不可不一读，况其为佳者乎？《论语》《孟子》，为我国极通行之书，必不可不熟诵也。

此外，《尔雅》为训诂书，当与《说文》等同类读之，与文学无关。《孝经》亦《戴记》之流。但其说理并不甚精，文字亦不甚美。

一览已足，不必深求也。

六经排列之次序，今、古文不同。今文之次，为《诗》《书》《礼》《乐》《易》《春秋》；古文之次，则为《易》《书》《诗》《礼》《乐》《春秋》。盖今文家以六经为孔子别作，其排列之次序，由浅及深。《诗》《书》《礼》《乐》，乃普通教育所资（《王制》："乐正崇四术，立四教，顺先王《诗》《书》《礼》《乐》以造士。"《论语》："子所雅言，诗书执礼。"盖《诗》《书》《礼》《乐》四者，本古代学校中教科，而孔子教人，亦取之也）；而《易》与《春秋》，则为"性与天道""经世之志"所寄；故其次序如此也。古文家以六经皆周公旧典，孔子特修而明之。故其排列之次序，以孔子作六经所据原书时代先后为序。愚谓今言整理国故，视凡古书悉为史材则通；谓六经皆史则非。故今从今文家之次，分论诸经源流及其读法如下：

一、《诗》

《诗》，今文有鲁、齐、韩三家；古文有毛。郑玄初学《韩诗》，后就《毛传》作笺，间用韩义（《采蘋（pín）》《宾之初筵》两诗皆难毛）。王肃作《毛诗注》《毛诗义驳》《毛诗奏事》《毛诗问难》诸书，以申毛难郑。《齐诗》亡于曹魏；《鲁诗》不过江东；《韩诗》虽存，无传之者；于是三家与毛之争，一变而为郑、王之争。诸儒或申郑难王，或申王难郑，纷纷不定。至唐修《五经正义》，用《毛传郑笺》，而其争乃息（王肃之书，今亦已亡。然毛、郑相违处，《正义》中申毛难郑之言，实多用王说）。

读《诗》第一当辨明之事，即为《诗序》。按释《诗》之作，凡有三种：（1）释《诗》之字句者，如今之《毛氏诂训传》是也。（2）释《诗》之义者，如今之《诗序》是也。（3）推演《诗》义者，如今之《韩诗外传》是也。三家诂训及释《诗》义之作，今皆已亡（三家诗亦有序，见《诗古微·齐鲁韩毛异同论》）。魏、晋而后，《毛诗》专行者千余年。学者于《诗序》，率皆尊信。至宋欧阳修作《诗本义》，苏辙作《诗传》，始有疑辞。南渡而后，郑樵作《诗辨妄》，乃大肆攻击。朱子作《诗集传》，亦宗郑说；而《集传》与毛、郑之争又起。《小序》之义，诚有可疑；然宋儒之疑古，多凭臆为说，如暗中相搏，胜负卒无分晓，亦不足取也。清儒初宗毛、郑而攻《集传》，后渐搜采及于三家。始知毛、郑而外，说《诗》仍有古义可征；而《集传》与毛、郑之争，又渐变而为三家与毛之争。时则有为调停之说者，谓《诗》有"作义""诵义"；三家与毛所以异同者，毛所传者作义，三家所传者诵义；各有所据，而亦两不相悖也。其激烈者，则径斥《小序》为杜撰，毛义为不合。二者之中，予颇左袒后说。此非偏主今文，以事理度之，固如是也。

何则？《诗》分《风》《雅》《颂》三体。《雅》《颂》或有本事可指；《风》则本民间歌谣，且无作者可名，安有本义可得？而今之《诗序》，于《风诗》亦篇篇皆能得其作义，此即其不可信之处也。《诗序》究为谁作，说极纷纭。宋以后之说，亦多凭臆测度，不足为据。其传之自古者，凡有四说：以为《大序》子夏作，《小序》

子夏、毛公合作者，郑玄《诗谱》也（《正义》引沈重说）。以为子夏作者，王肃《家语注》也。以为卫宏作者，《后汉书·儒林传》也。以为子夏首创，而毛公及卫宏加以润饰增益者，《隋书·经籍志》也。肃说不足信，《隋志》亦系调停之辞；所当辨者，独《后汉书》及《诗谱》两说耳。予谓两说之中，《后汉书》之说，实较可信。今《毛传》之义，固有与《小序》不合者（如《静女》）。且其序文义平近，亦不似西汉以前人手笔也（《毛传》之义，所以与《小序》无甚抵牾者，非毛先有《序》为据，乃《序》据《毛传》而作耳。《序》语多不可信，绝非真有传授。郑樵谓其采掇古书而成，最为近之）。

《诗序》有大小之别。今本《小序》分别列诸诗之前，而《大序》即接第一首《小序》之下（自"风，风也"以下，据《正义》）。《小序》之不足信，前已言之，《大序》亦系杂采诸书而成，故其辞颇错乱。但其中颇有与三家之义不背者（魏源说，见《诗古微》）。今姑据之，以定《风》《雅》《颂》之义。《大序》云："风，风也，教也。风以动之，教以化之。"又云："上以风化下，下以风刺上，主文而谲谏，言之者无罪，闻之者足以戒，故曰《风》。至于王道衰，礼义废，政教失，国异政，家殊俗，而变风、变雅作矣。国史明乎得失之迹，伤人伦之废，哀刑政之苛；吟咏情性，以讽其上，达于事变，而怀其旧俗者也。故变风，发乎情，止乎礼义。发乎情，民之性也；止乎礼义，先王之泽也。"此其言《风》之义者也。又云："一国之事，系一人之本，谓之《风》。言天下之事，形四方之风，谓之《雅》。《雅》者，正也。政有小大，故有《小雅》焉、有《大雅》焉。"此其言《雅》之义者也。又云："《颂》者，美盛德之形容，以其成功，告于神明者也。"此其言《颂》之义者也（按：《诗序》言《风》与《颂》之义，皆极允惬，唯其言《大/小雅》，则似尚欠明白。《史记·司马相如传》："《大雅》言王公大人，而德逮黎庶；《小雅》讥小己之得失，其流及上。"分别大小之义，实较今《诗序》为优。盖三家义也）。

今《诗》之所谓《风》者，周南、召南、邶、鄘（yōng）、卫、王、郑、齐、魏、唐、秦、陈、桧、豳（bīn），凡十五国。周南、召南为正风；自邶以下，皆为变风。王亦列于《风》者，《郑谱》谓："东迁以后，王室之尊，与诸侯无异；其诗不能复《雅》，故贬之也。"（《正义》：善恶皆能正人，故幽、厉亦名《雅》。平王东迁，政遂微弱，其政才及境内，是以变为《风》焉）十五国之次，郑与毛异。据《正义》：《郑谱》先桧后郑，王在豳后；或系《韩诗》原第邪？

《雅》之篇数较多，故以十篇为一卷。其中《小雅》自《鹿鸣》起至《菁菁者莪（é）》止为正，自此以下皆为变。又分《鹿鸣》至《鱼丽》，为文王、武王之正《小雅》；《南有嘉鱼》至《菁菁者莪》，为成王、周公之正《小雅》；《六月》至《无羊》，为宣王之变《小雅》；《节南山》至《何草不黄》，申毛者皆以为幽王之变《小雅》；郑则以《十月之交》以下四篇，为厉王之变《小雅》。《大雅》自《文王》至《卷阿》为正，《民劳》以下为变。又分《文王》至《灵台》，为文王之正《大雅》；《下武》至《文王有声》，为武王之正《大雅》；《生民》至《卷阿》，为成王、周公之正《大雅》；《民劳》至《桑柔》，为厉王之变《大雅》；《云汉》至《常武》，为宣王之变《大雅》；《瞻卬（áng）》《召旻（mín）》二篇，为幽王之变《大雅》（皆见《释文》及《正义》）。正《小雅》中，《南陔（gāi）》《白华》《华黍》《由庚》《崇丘》《由仪》六篇，唯有《小序》。《毛诗》并数此六篇，故《诗》之总数，为三百十一篇；三家无此六篇，故《诗》之总数，为三百五篇。《小/大雅》诸诗之义，三家与毛，有同有异，不能备举。可以《三家诗遗说考》与毛传、郑笺对勘也。

《颂》则三家与毛义大异。毛、郑之义，谓商、鲁所以列于《颂》者，以其得用天子礼乐；今文家则谓《诗》之终以三《颂》，亦《春秋》"王鲁新周故宋"之意，乃通三统之义也。又《鲁颂》，《小序》以为季孙行父作，三家以为奚斯作。《商颂》，《小序》以为戴公时正考父得之于周太师，三家即以为正考父之作。

《诗》本止《风》《雅》《颂》三体，而《小序》增出赋、比、兴，谓之六义。按此盖以附会《周礼》太师六诗之文，然实无赋、比、兴三种诗可指。故《郑志》："张逸问何《诗》近于赋、比、兴？郑答谓孔子录《诗》，已合《风》《雅》《颂》中，难可摘别。"（《正义》引）"郑意谓《风》《雅》《颂》者，《诗》篇之异体；赋、比、兴者，《诗》文之异辞也。"（《正义》说）。因此故，乃又谓《七月》一诗，备有《风》《雅》《颂》三体，以牵合《周礼》龠章豳诗、豳雅、豳颂之文。按：赋者，叙事；比者，寄意于物；兴者，触物而动（譬如实写美人为赋，辞言花而意实指美女为比，因桃花而思及人面，则为兴矣）；作《诗》原有此三法。然谓此作《诗》之三法，可与《诗》之三种体制，平列而称六义，则终属勉强；一诗而兼三体，尤不可通矣。窃谓《周礼》之六诗与《诗》之《风》《雅》《颂》；其豳诗、豳雅、豳颂与《诗》之《豳风》，自系两事，不必牵合。郑君学未尝不博，立说亦自有精到处，然此等牵合今古、勉强附会处，则实不可从也。又今文家以《关雎》《鹿鸣》《文王》《清庙》为四始（见《史记》，盖鲁诗说），乃以其为《风》及《大/小雅》《颂》之首篇；而《小序》乃即以风、大小雅、颂为四始，亦殊不可解。

治《诗》之法，凡有数种：（1）以《诗》作史读者。此当横考列国之风俗，纵考当时之政治。《汉书·地理志》末卷及郑《诗谱》，最为可贵。按《汉志》此节本刘歆。歆及父向，皆治《鲁诗》。班氏世治《齐诗》。郑玄初治《韩诗》。今《汉志》与《郑谱》述列国风俗，大同小异，盖三家同有之义，至可信据也。何诗当何王时，三家与毛、郑颇有异说，亦宜博考。以《诗》证古史，自系治史一法。然《诗》本歌谣，托诸比、兴，与质言其事者有异。后儒立说，面面皆可附会，故用之须极矜慎。近人好据《诗》言古史者甚多，其弊也。于《诗》之本文，片言只字，皆深信不疑，几即视为纪事之史，不复以为文辞；而于某《诗》作于何时，系因何事，则又往往偏据毛、郑，甚者凭臆为说，其法实未尽善也。（2）以为博物之学而治之者。《论语》所谓多识于鸟、兽、草、木之名也。此当精研疏注，博考子部有关动植物诸书。（3）用以证小学者。又分训诂及音韵两端。《毛传》与《尔雅》，训诂多合，实为吾国最古之训诂书。最初言古韵者，本自《诗》人；今日言古韵，可据之书，固犹莫如《诗》也。（4）以为文学而研究之者。当先读疏注，明其字句。次考《诗》义，观《诗》人发愤之由（司马迁云：《诗》三百篇，大抵圣贤发愤之所为作也。）及其作《诗》之法。《诗》本文学，经学家专以义理说之，诚或不免迂腐。然《诗》之作者，距今三千多年；作《诗》之意，断非吾侪（chái）臆测可得。通其所可通，而缺其所不可通者，是为善读书。若如今人所云："月出皎兮，明明是一首情诗"之类，羌无证据，而言之断然，甚非疑事无质之义也。

《王制》述天子巡守，命太师陈《诗》，以观民风。何君言采《诗》之义曰：（《公羊》宣十五年注）"五谷毕入，民皆居宅。男女有所怨恨，相从而歌。饥者歌其食，劳者歌其事。男年六十，女年五十无子者，官衣食之，使之民间求诗。乡移于邑，邑移于国，国以闻于天子。故王者不出牖（yǒu）户，尽知天下所苦，不下堂而知四方。"其重之也如此。夫人生在世，孰能无幽约怨悱、不能自言之情？而社会之中，束缚重重，岂有言论自由之地？斯义也，穆勒《群己权界论》①（严复译），言之详矣。故往往公然表白之言，初非其人之真意；而其真意，转托诸谣咏之间。古代之重诗也以此。夫如是，《诗》安得有质言其事者？而亦安可据字句测度，即自谓能得作诗之义邪？《汉书·艺文志》曰："汉兴，鲁申公为《诗》训诂。而齐辕固生、燕韩生皆为之传。或取《春秋》，采杂说，咸非其本义。与不得已，鲁最为近之。"此乃古学家攻击三家之辞，其端已肇于班固时。其后乃采取古书，附会《诗》义，而别制今之《诗序》。谓三

---

① 《群己权界论》即《论自由》。——编者注

家皆不知《诗》之本义，而古学家独能得之也。其实《诗》无本义。太师采诗而为乐，则只有太师采之之意；孔子删《诗》而为经，则只有孔子取之之意耳。犹今北京大学编辑歌谣，岂得谓编辑之人，即知作此歌谣者之意邪？三家于诗，间有一二，能指出其作之之人，及其本事者（如《茉苢（Fúyǐ）》《柏舟》之类），此必确有所据。此外则皆付缺如。盖《诗》固只有诵义也。以只有诵义故，亦无所谓断章取义。我以何义诵之，即为何义耳。今日以此意诵之，明日又以彼义诵之，无所不可也。以为我诵之之意，则任举何义皆通；必凿指为诗人本义，则任举何义皆窒。《诗》义之葛藤，实自凿求其本义始也。

治诗切要之书，今约举如下：

《毛诗注疏》 今所传《十三经注疏》，乃宋人所集刻。其中《易》《书》《诗》《三礼》《左》《谷》，皆唐人疏。疏《公羊》之徐彦，时代难确考，亦必在唐以前。《论语》《孝经》《尔雅》，皆宋邢昺（bǐng）疏，亦多以旧疏为本。唯《孟子疏》题宋孙奭，实为邵武士人伪托，见《朱子语录》。其疏极浅陋，无可取耳。唐人所修《正义》，诚不能尽满人意；然实多用旧疏，为隋以前经说之统汇，仍不可不细读也。特于此发其凡，以后论治诸经当读之书，即不再举注疏。

陈启源《毛诗稽古编》 宋人说《诗》之书甚多，读之不可遍。此书多驳宋人之说，读之可以知其大略。

马瑞辰《传笺通释》 陈奂《诗毛氏传疏》 以上两书为毛、郑之学。

陈乔枞《三家诗遗说考》 魏源《诗古微》 以上两书为三家之

学。魏书驳毛、郑，有极警快处；其立说亦有不可据处。魏氏之学，通而不精也。辑三家《诗》者，始于宋之王应麟，仅得一小册。陈氏此书，乃十倍之而不止。清儒辑逸之精，诚足令前人俯首矣。

三家之中，《齐诗》牵涉纬说。如欲明之，可观迮（zé）鹤寿《齐诗翼奉学》及陈乔枞《诗纬集证》两书。意在以《诗》作史读者，于《诗》之地理，亦须考究，可看朱右曾《诗地理征》。意在研究博物者，毛传、郑笺而外，以吴陆玑《诗草木鸟兽虫鱼疏》为最古，与《尔雅》《毛传》，可相参证也。

二、《书》

《尚书》真伪，最为纷纠。他经唯经说有聚讼，经文同异，止于文字；《尚书》则经文亦有真伪之分。按伏生传《书》二十八篇，今文家以为无缺。刘歆《移太常博士》，所谓"以《尚书》为备"也。然《汉志》称《大小夏侯经》二十九卷，《欧阳经》三十一卷（此"三十一"，汲古阁本作二十二，武英殿本作三十二。按《志》下文《欧阳章句》三十一卷，则殿本三十字是，而二当作一）。陈寿祺谓今文书亦有序（《左海经辨》）。序说多与今文不合，说颇难信。王引之谓加后得《泰誓》（《经义述闻》），说较近之（大小夏侯合为一，欧阳析为三）；唯以《泰誓》为伏生所固有，则未必然耳。古文家谓《书》本有百篇，鲁共王坏孔子宅得之。孔安国以今文读之，得多十六篇，献之；遭巫蛊之事，未立于学官。《汉志》：《尚书古文经》四十六卷。除二十九篇与今文经同外，逸十六篇为十六卷，又一卷盖《序》也。《后汉书·儒林传》：杜林传《古文尚书》，贾逵为之作训，马融作传，郑玄注解，盖即此本。然逸十六篇，绝无师说，马、郑亦未尝为之作注也。迨东晋时，豫章内史梅赜，乃献所谓孔安国传者。其书凡五十八篇，为四十六卷。其三十三篇与郑同，二十五篇又多于郑。今按伏生所传者：《尧典》一（合今《舜典》，而无篇首二十八字），《皋陶谟》二（合今本《益稷》），《禹贡》三，《甘誓》四，《汤誓》五，《盘庚》六，《高宗肜（róng）日》七，《西伯戡黎》八，《微子》九，《牧誓》十，《洪范》十一，《金縢》十二，《大诰》十三，《康诰》十四，《酒诰》十五，《梓材》十六，《召诰》十七，《洛诰》十八，《多士》十九，《无逸》二十，《君奭》二十一，《多方》二十二，《立政》二十三，《顾命》二十四（合今本《康王之诰》），《费誓》二十五，《吕刑》二十六，《文侯之命》二十七，《泰誓》二十八，加后得《泰誓》则二十九。郑分《盘庚》为三，析《康王之诰》于《顾命》，又分《泰誓》为三，得多五篇，为三十四。所谓逸十六篇者，其目见于《正义》。郑又分其《九共》为九篇，则《舜典》一，《汩作》二，《九共》九篇十一，《大禹谟》十二，《益稷》十三，《五子之歌》十四，《胤征》十五，《汤诰》十六，《咸有一德》十七，《典宝》十八，《伊训》十九，《肆命》二十，《原命》二十一，《武成》二十二，《旅獒》二十三，《冏命》二十四，共为五十八篇。晚出孔《书》，于二十九篇内无《泰誓》，而析《尧典》之下半为《舜典》，《皋陶谟》之下半为《益稷》，《盘庚》分三篇，凡三十三。其多出之二十五篇，则《大禹谟》一，《五子之歌》二，《胤征》

三，《仲虺（huǐ）之诰》四，《汤诰》五，《伊训》六，《太甲三篇》九，《咸有一德》十，《说命三篇》十三，《泰誓》三篇十六，《武成》十七，《旅獒》十八，《微子之命》十九，《蔡仲之命》二十，《周官》二十一，《君陈》二十二，《毕命》二十三，《君牙》二十四，《囧命》二十五，合之三十三篇，共五十八。后又加《舜典》篇首二十八字，即今通行之《尚书》矣（郑之逸十六篇，为此本所无）。孔《书》与郑异，而《序》则同。（《正义》："马、郑之徒，百篇之《序》，总为一卷。孔以各冠其篇首；亡篇之序即随其次，居见存者之间。"）按汉时伪造《尚书》者，尚有张霸之《百两篇》。《儒林传》谓其采《左氏传》及《书叙》，则《书叙》亦张霸所有矣。予按东晋晚出之伪《书》，既已不雠；张霸《百两篇》之伪，当时即破；即博士所读后得《泰誓》，亦伪迹显然。马融疑之，极为有见（见今《泰誓》及《左》襄三十一年疏）；然则博士以二十八篇为备，说盖不诬。安有所谓百篇之《书》，更安有所谓百篇之《序》？然则逸十六篇，盖亦难信。郑玄、马融、王肃之徒，乃并以《书序》为孔子作（见《正义》），岂不谬哉？然其说亦有所本。按《璇玑钤（qián）》谓"孔子求得黄帝玄孙帝（dì）魁之书，迄于秦穆公，凡三千二百四十篇。定可以为世法者百二十篇。以百二篇为《尚书》，十八篇为《中侯》"。此盖张霸之伪所由托，而亦古文家百篇之说所由昉。纬说荒怪，诚难尽凭。然谓孔子删《书》，只取二十八篇，则其说可信；谓《尚书》一类之书，传于后代者，必只二十八篇，则未必然。何者？《逸书》散见古书者甚多（《尹吉》见《礼记·缁衣》；《夏训》见《左》襄四年；《伯禽》《康诰》见定四年；《相年》见《墨子·尚同》；《禹誓》见《兼爱》《明鬼》；《武观》《官刑》见《非乐》；《大战》《掩诰》见《尚书大传》；《大戊》见《史记·殷本纪》；《丰刑》见《汉书·律历志》。又《书序》所有之《九共》《帝告》《说命》《泰誓》《嘉禾》《冏命》六篇，亦见《大传》。详见《新学伪经考》），岂能尽指为伪物？《史记》谓古者《诗》三千余篇，说者亦多疑之。然今佚《诗》散见群书者亦甚多；谓孔子删《诗》为三百五篇则可，谓《诗》止三百五篇，亦未必然也。盖孔门所传之《诗》《书》为一物，固有之《诗》《书》，又为一物。孔子所删，七十子后学奉为定本者，《诗》止三百五篇，《书》只二十八篇；原有之《诗》《书》，则固不止此。抑此三百五篇、二十八篇者，不过孔子删订时所取之数，固未必无所取义；然必谓在此外者，即与此三百五篇、二十八篇，大相悬殊，亦属决无之理。故删订时虽已刊落，讲论之际，仍未尝不诵说及之。门人弟子乃各著所闻于传，此今古籍中佚《诗》、佚《书》之所以多也。然则所谓以百二篇为《尚书》，十八篇《中侯》者，得毋二十八篇之外，又有数十百篇，虽不及二十八篇之美善，而亦胜于其余之三千余篇，故孔子于删订二十八篇之后，又特表异之于其余诸篇邪？必因此谓《书》有百篇，而訾博士所传为不备，则过矣；然并谓其不足齿于传说所引之《逸书》，则亦未是。经与传之相去，本不甚远。后得《泰誓》，诚不能遽（jù）比之于经，固不妨附益于传。此其所以伪迹虽显，而博士仍附之于经以为教，非真识不如马融也。东晋晚出之《古文书》，虽属伪造，亦多有古书为据。逸十六篇未知是否此类，抑或真为古之逸书，要其亡佚，则固可惜矣。

东晋晚出之伪孔《传》，唐孔颖达作《正义》，原有疑词。然此后迄无人提及。宋吴棫作《书稗传》，乃始疑之。《朱子语录》，于此书亦尝致疑。明梅鷟作《尚书考异》，乃明斥其伪；然所论证，尚不甚确。清阎若璩作《古文尚书疏证》，一一从客观方面加以证明，而此书之伪乃定；然尚未得其主名。迨丁晏作《尚书余论》，乃证明其为王肃所造焉。初学欲明此一重公案者，宜读阎、丁两家之书。（1）为用考证方法攻击伪书，言之成理最早之作。（2）则累经考究后之定论也。此书虽属伪造，亦多有古书为据，为之一一抉其出处者，则为惠栋之《古文尚书考》。

晚《书》之伪既明，考索汉儒书说之事斯起。其中搜辑旧说，为之作疏者，凡有两种：（1）江声《尚书集注音疏》；（2）孙星衍《尚书今古文注疏》是也。江书早出，搜采未全；孙书较备。其时今、古文之派别，尚未大明。误以司马迁为古文，实为巨谬。然其搜辑颇备；学者于今、古文派别，自能分明，作材料看可也。段玉裁《古文尚书撰异》，左袒古学，立说颇偏。王鸣盛《尚书后案》，则专为郑氏一家之学。然二书钩校搜采，俱颇详密，亦可参稽。其后今、古学之派别渐明，乃有分别古今，及搜考今文之事。攻击古文最力者，为魏源之《书古微》，驳诘颇为骏快，而立说亦或不根，与其《诗古微》同。搜采今文经说者，为陈乔枞《今文尚书遗说考》。

《尚书》中《禹贡》一篇，为言地理最古之书。历来注释者独多。盖不徒有关经学，抑且有关史部中之地理矣。胡渭《禹贡锥指》一书，搜考最博，初学可先读一过。因读此一书，即可见古今众说之崖略也。唯其书兼搜并蓄，初非专门之学。若求确守汉学门户者，则焦循《禹贡郑注释》、成蓉镜《禹贡班义述》最好。

《尚书》《春秋》，同为古史。所谓左史记言、右史记事，言为《尚书》、事为《春秋》是也。然既经孔子删修，则又自成其为经，而有孔门所传之经义。经义、史事，二者互有关系，而又各不相干。必能将其分析清楚，乃能明经义之旨，而亦可见史事之真；否则纠缠不清，二者皆病矣。今试举尧舜禅让之事为例。尧舜禅让之事，见于《孟子》《大传》《史记》者，皆以为廓然公天下之心。然百家之说，与此相反者，不可胜举。究何所折衷哉？予谓九流之学，其意皆在成一家言，本非修订古史；而春秋、战国时所传古事，亦实多茫昧之词。如今村夫野老之说曹操、诸葛亮、李世民、赵匡胤，但仿佛知有此人耳，其事迹则强半附会也。事实既非真相，功罪岂有定评？百家著书，乃各就己意，取为证佐。此犹后人谓"六经皆我注脚"，原不谓经意本如此也。尧舜禅让之事，百家异说，姑措勿论。即就儒书考辨，如鲧之不得其死（见《癸巳类稿·鲧证》），及共工、欢兜、鲧皆在四岳之列（见宋翔凤《尚书略说》），其事亦实有可疑。然则《孟子》《大传》《史记》所传，盖非其事之真相，特孔门之经说耳。托之空言，不如见之行事。借史事以发挥己意，后人亦时有之。如苏轼以李斯狂悖，归罪荀卿，谓"其父杀人报仇，其子必且行劫"。岂真好为是深文哉？心疾夫高言异论之徒，聊借此以见意也。姚鼐驳之，谓"人臣善探其君之隐，一以委曲变化从世好者，其为人尤可畏"，意亦犹此。然则《孟子》《大传》《史记》之言，当径作经义读，不必信为史事。此所谓各不相干者也。然古代史籍，既已不传，欲知其事，固不得不就百家之说，披沙拣金，除去其主观之成分以求之。此则又所谓互有关系者矣。欲除去主观之成分，固非通知其书之义例不可。此则读书之所以贵方法也。今更就真书二十八篇，各示其概要如下：

《尧典》（包今本《舜典》，唯须除去篇首二十八字）　此篇记尧、舜之事。首记尧所行之政。次记尧举舜，命之摄政，及舜摄政后所行事。又次记尧之终，舜之践位，及舜践位后所行之政。终于舜之死。《大学》引此篇，谓之《帝典》，盖以其兼包尧、舜之事也。逸十六篇别立《舜典》之目已非，伪孔即割此篇下半为《舜典》，则《尧典》记尧事不终矣。此篇关涉历法、巡守、刑法，可考古代典制。

《皋陶谟》（包今本《益稷》）　此篇记禹、皋陶、伯益之事。《史记》云："禹即位，举皋陶，授之政。皋陶卒，又以政任益。"盖皋陶、伯益之于禹，犹舜之于尧、禹之于舜也。

《禹贡》　此篇记禹治水之事。先分述九州，次总叙名山大川，又次记五服贡赋之制。地志书之可信者，当以此为最古矣。近人或谓此篇必非禹作，遂目为伪。然传书者本未云《尧典》必尧时史官作，《禹贡》必禹自撰也。此等辨伪之法，几于无的放矢矣（参看《论读子之法》）。

《甘誓》　此篇记启伐有扈战于甘之誓辞。《墨子》谓之《禹誓》。古人蒙祖父之号者甚多，不足疑也。

《汤誓》　此篇为汤伐桀时誓辞。

《盘庚》（今本分为三篇）　此篇为盘庚自河北徙河南时诰下之辞。《史记》谓在盘庚即位后，《序疏》引《郑注》，谓在盘庚相阳甲时。此篇可考古者"询国迁"之制。篇中屡以乃祖乃父，及"我高后将降不祥"，恐喝其下，可见殷人之尚鬼。

《高宗肜日》　此篇记武丁祭成汤，有飞雉升鼎耳而呴（gòu），祖己训王之词。

《西伯戡黎》　此篇记文王灭黎，祖伊恐，奔告于纣之事。可见灭黎一役，于商、周兴亡，关系甚大。

《微子》　此篇记纣太师、少师劝微子去纣之语。

《牧誓》　此篇为武王与纣战于牧野时之誓辞。篇中庸、蜀、羌、髳、微、泸、彭、濮人云云，可考武王所用之兵。

《洪范》　此篇记箕子告武王以天锡①禹之《洪范》九畴，乃我国最古之宗教、哲学书也。说虽近乎迷信，然讲古代之哲学、宗教者，不能离术数；古代之术数，实以此篇为统汇。（此篇所陈之数，与《易》数亦相通。故宋后易学之讲《图》《书》者，又有"演范"一派。）欲考古代哲学、宗教者，不容不究心也。

《金縢》　此篇记武王有疾，周公请以身代，及雷风示变之事。按《史记》谓克殷后二年，武王病，周公请以身代。武王有瘳，后而崩。成王幼，周公摄政。二叔及武庚叛，周公东伐之，二年而毕定。初成王少时，亦尝病；周公亦请以身代，而藏其策于府。成王亲政后，人或谮周公，周公奔楚。王发府，见策，乃泣，反周公。周公卒，成王葬之不以王礼，于是有雷风之异。成王开金縢，得周公欲代武王之说，乃以王礼改葬之（今文家说皆如此，可看《今文尚书经说考》）。郑玄则谓管叔流言，周公避居东国，待罪以须君之察己。成王

---

①　"锡"通"赐"。——编者注

不悟，尽执其族党。逮有雷风之异，乃感悟，迎周公归，归而摄政焉（见《诗·豳》谱，及《七月》《鸱鸮（chī xiāo）》《东山》序疏，及《礼记·明堂位》疏）。按郑说殊不近情。盖此篇"秋大熟"以下，与上文非记一时之事，而郑误合之也。孙星衍之说如此。

《大诰》 此篇为周公伐殷时诰辞。篇中之"王"，郑以为周公摄政践王位自称，伪孔以为代成王立言。于古代摄政之制，颇有关系。

《康诰》 此篇为封康叔诰辞。多涉刑法，可考古代典制。

《酒诰》 此篇亦诰康叔，可见当时沬（mèi）邦酗酒之甚，及周治之刑法之严。

《梓材》 此篇诰康叔以为政之道。

《召诰》 此篇记周、召二公，卒营洛邑之事。

《洛诰》 此篇为洛邑成后，周公诰戒成王之语。

《多士》 此篇为成周既成，迁殷民，诰之之辞。

《无逸》 此篇亦周公告戒成王之语。篇中历举殷代诸王及文王享国长短。共和以前，古史年代之可考者，以此为最可据矣（《尧典》记舜之年，适足百岁，即不可信）。

《君奭》 此篇为周公摄政时告召公之语。篇中多引殷及周初贤臣，可考古代史事。

《多方》 此篇为成王灭奄后，归诰多方之语。

《立政》 此篇为周公致政后告成王之语。述当时官名甚多，亦可考古代典制。

《顾命》（合今本《康王之诰》） 此篇记成王殁、康王立之事，可考古代大丧及即位之礼。所述陈列器物，亦可考古代重器。

《费誓》 此篇为伯禽伐淮夷誓辞。

《吕刑》 此篇记穆王改定刑法之事。言古代刑法者，以此篇为最完具。

《文侯之命》 此篇《史记》以为城濮战后，周襄王命晋文公之辞。《书序》以为平王命晋文侯之辞。《书序》与今文说不合，即此可见。

《秦誓》 此篇为秦穆公胜晋后誓众之辞。秦文之可考者，当以此及《石鼓文》《诅楚文》为最古矣（石鼓文，昔人多以为周宣王作，非是。近人王国维、马衡考定为秦时物，说较可信。马作见《北京大学国学季刊》第一册）。

三、附论《逸周书》

今之《逸周书》，《汉志》列之书家。说者因以为孔子删《书》之余，其实非《书》之伦也。特以此说相沿已久，后人编甲部书者，亦多收之。（清《正续经解》尚然）又有入之乙部者；然古代经、子而外，实无所谓史，亦未安也。故附论之于此（就鄙见，此书入子部兵家最妥）。

此书《汉志》只称《周书》。《说文》"祘"（suàn）字下引之始称"逸"（所引见今本典篇。然此语疑非许君原文）。《隋志》系之汲冢。后人有信之者，有辨之者；亦有调停其说，谓此书汉后久晦，得汲冢本乃复明者。《四库提要》云："《晋书·武帝纪》及

《荀勖束皙传》载汲郡人不准所得《竹书》七十五篇，具有篇名，无所谓《周书》。杜预《春秋集解后序》载汲冢诸书，亦不列《周书》名。"则辨之者是也。《汉志》七十一篇；师古注：存者四十五。然《史通》言"《周书》七十一章，上自文、武，下终灵、景"，不言有缺。则唐时所传，盖有两本。故《唐志》以《汲冢周书》十卷，与孔晁注《周书》八卷并列。师古所见，盖即孔晁注八卷本，不全。知几所见，则蒙汲冢名之十卷本，无缺也。今本篇目，凡得七十。陈振孙《书录解题》谓"此书凡七十篇，叙一篇，在其末"。则今本篇名，较之《汉志》，并未缺少。盖即知几所见之本。然篇名具存，而书则已缺十一篇矣。至孔晁注则今仅存四十二篇，较师古所见，又缺其三焉。

蔡邕《明堂月令论》，谓《周书》七十一篇，《月令》第五十三，篇数与《汉志》合，篇第亦同今本，似今本确为《汉志》之旧。然《汉志》自注曰："周史记。"师古引刘向曰："周时诰誓号令也。"今本非诰誓号令者，实居其半。序固举全书悉指为周史记，但观本文，则无以明之。序与书颇不合，不足信也。诸篇文体，有极类《尚书》者，（如《商誓》《祭公》两篇是）亦有全不类《尚书》，而类周秦诸子，且极平近者。（如《官人》《太子晋》两篇是）又有可决为原书已亡，而后人以他书补之者。（如《殷祝》篇是）谓其不可信，则群书所征引，今固多散见各篇之中。谓为可信，则群书所征引，为今本所无者，亦复不少（朱右曾本辑之）。诿为尽在亡篇之中，似亦未安也。朱右曾曰："此书虽未必果出文、武、周公之手，要亦非秦、汉人所能伪托。何者？庄生有言：圣人之法，以参为验，以稽为决，一二三四是也。周室之初，箕子陈畴，《周官》分职，皆以数纪。大致与此书相似。"今此书亡篇中有《箕子》，安知其不与《洪范》相出入？《克殷》《度邑》两篇，为《史记·周本纪》所本。《世俘》篇记武王狩禽及征国、服国、俘馘（guó）、俘宝玉之数，迹似残虐。然与《孟子》所言"周公相武王，灭国者五十，驱虎豹犀象而远之"，隐相符合。《孟子》自述所见武、成，因亦有"血流漂杵"之语。是此书确可称为《尚书》之类也。然如《武称》《允文》《大武》《大明武》《小明武》《武顺》《武穆》《武纪》诸篇，则明明为兵家言。《文传》后半，文字极类《管子》。《开塞》为商君之术（参看论《商君书》），亦已见本篇中。又《汉书·食货志》，王莽下诏，谓"《乐语》有五均"。今《乐语》已亡，而五均之别，实见本书之《大聚》。五均者，抑并兼之政，亦《管子·轻重》之伦也。吾国之兵家言，固多涉及治国。其记周事之篇特多者，著书托古，古人类然；亦或诚有所祖述。今《六韬》即如此，岂能附之书家乎？然则此书入之子部兵家，实最妥也。此书隶之书家，虽拟不于伦，然全书中涉及哲理及论治道、治制之处，皆与他古书相类。文字除数篇外，皆朴茂渊雅，绝非汉后人所能为。所述史迹，尤多为他书所不见，实先秦旧籍中之瑰宝矣。

此书传本，讹谬甚多。卢抱经始有校本。其后陈逢衡有《逸周书补注》，朱右曾有《逸周书集训校释》。

《度训》第一 《命训》第二 《常训》第三 《文酌》第四
据序，自此至《文传》，皆文王之书。《度训》欲以弼纣，《命训》《常训》《文酌》所以化民。然序实不足信，不拘可也。此数篇之意，大约言法度原于天理，必能遵守法度，乃可以和众而聚人。一切赏罚教化之事，皆合群所必须，而亦无不当准诸天然之理者也。理极精深，文颇难解。

《籴匡》第五　此篇述成岁、俭岁、饥岁行事之异，可见古者视岁丰耗，以制国用之规。

《武称》第六　《允文》第七　《大武》第八　《大明武》第九　《小明武》第十　此五篇皆兵家言，甚精。

《大匡》第十一　此篇言荒政。

《程典》第十二　此篇记文王被囚，命三卿守国，诰以治国之道。

《程寤（wù）》第十三　《秦阴》第十四　《九政》第十五　《九开》第十六　《刘法》第十七　《文开》第十八　《保开》第十九　《八繁》第二十　此八篇亡。

《酆（fēng）保》第二十一　《大开》第二十二　《小开》第二十三　《文儆》第二十四　《文传》第二十五　以上五篇，为文王受命作丰邑后事。《酆保》为命公卿百官之语。《大/小开》皆开示后人之语。《文儆》《文传》则文王自知将死，诰太子发之语也。

《柔武》第二十六　《大开武》第二十七　《小开武》第二十八　《宝典》第二十九　据序，自二十六至四十六，皆武王之书。此四篇为武王即位后，与周公讲论治国之道。其以"武"名篇者，我国兵家言，固多涉及政治也。

《酆谋》第三十　《寤儆》第三十一　此两篇皆谋伐商之事。

《武顺》第三十二　《武穆》第三十三　前篇言军制，后篇言军政，亦兵家言之精者。

《和寤》第三十四　《武寤》第三十五　《克殷》第三十六
《世俘》第三十七　此四篇记武王克商之事，事迹多可与他书互证，
或补其不备。《世俘》篇原第四十，朱本移前，与《克殷》相次。

《大匡》第三十八　《文政》第三十九　此两篇记武王在管之
事。上篇东隅之侯，受赐于王，王诰之。下篇管、蔡以周政开殷人。

《大聚》第四十　此篇记武王克殷后，问周公以徕民之道，述治
制甚详。

《箕子》第四十一　《耆（qí）德》第四十二　《耆德》，序作
《考德》。此两篇亡。

《商誓》第四十三　"誓"读为"哲"。此篇记武王告商诸侯之
语。先称商先哲王，次数纣之恶，终述己意，极与书类。

《度邑》第四十四　此篇记武王、周公图建洛邑之事，较《史
记》为详。

《武儆》第四十五　《五权》第四十六　此两篇记武、成相继之
事。《武儆》篇盖记立成王为太子，而残缺，只寥寥数语。《五权》
为武王疾笃告周公之辞。

《成开》第四十七　据序，自此至五十九，为成王、周公之书。
此篇为成王元年，周公开告成王之语。

《作雒》第四十八　此篇记周公克殷后，营建洛邑之事。

《皇门》第四十九　此篇记周公会群臣于皇门，诰诫之之语。

《大戒》第五十　此篇亦周公陈戒成王之辞。

《周月》第五十一　《时训》第五十二　《月令》第五十三　序
云："周公正三统之义，作《周月》。辨二十四气之应，以明天时，

作《时训》。制十二月赋政之法，作《月令》。"今《月令》篇亡，《时训》记二十四气之应，与《戴记·月令》同。盖《戴记·月令》实合此书之《时训》《月令》二篇为一也。《周月》篇末，言"夏数得天，百王所同"。周虽改正以垂三统，"至于敬授民时，巡守祭享，犹自夏焉"。文体与前不类；且此为儒家学说，盖后人以儒书窜入也。《崇文总目》有《周书·月令》一卷，则《月令》在宋时有单行本。

《谥法》第五十四　此篇历记谥法，谓周公葬武王时作。按《戴记》言"古者，生无爵，死无谥"，又言"死谥为周道"，则谥确始于周时。然以为周公作，则亦未必然也。

《明堂》第五十五　与《小戴记·明堂位》篇略同。

《尝麦》第五十六　此篇记成王即政，因尝麦求助于臣。篇中多涉黄帝、少昊、五观①之事，可以考史。又云："命大正正《刑书》九篇。"按《左》文十八年，季文子言周公制周礼，作《誓令》曰："毁则为贼，掩贼为藏。窃贿为盗，盗器为奸。主藏之名，赖奸之用，为大凶德，有常无赦，在九刑不忘。"昭六年叔向诒（yí）子产书，亦曰："周有乱政而作九刑。"则九刑确为周时物。得毋即此《刑书》九篇邪？（《周礼·司刑》疏引《郑书注》以五刑加流宥、鞭、扑、赎，为九刑。）

《本典》第五十七　此篇记成王问，周公对，盖与上篇相承。

《官人》第五十八　此篇记周公告成王以观人之术，文极平顺。

---

① "五观"一作"武观"。——编者注

《王会》第五十九 此篇记八方会同之事。列举四夷之名甚多，考古之瑰宝也。

《祭公》六十 此篇记祭公谋父诲穆王之语，文体亦极似《尚书》。

《史记》第六十一 此篇记穆王命戎夫主史，朔望以闻，借以自镜。说如可信，则史官记注之事，由来已久；而人君之知读记注，亦由来已久矣。篇中历举古之亡国，多他书所不详，亦考古之资也。

《职方》第六十二 同《周官·职方》。

《芮良夫》第六十三 此篇记厉王失道，芮伯陈谏之辞。

《太子晋》第六十四 此篇记晋平公使叔誉于周。太子晋时年十五，叔誉与之言，五称而叔誉五穷。叔誉惧，归告平公，反周侵邑。师旷不可。请使，与子晋言，知其不寿，其后果验。颇类小说家言。

《王佩》第六十五 此篇言王者所佩在德，故以为名。皆告诫人君之语。

《殷祝》第六十六 此篇记汤胜桀践天子位事。与周全无涉，与下篇亦绝不类。《御览》八十三引《书大传》略同。盖原书已亡，妄人意此书为《尚书》之类，遂取《大传》之涉殷事者补之也。

《周祝》第六十七 此篇盖亦陈戒之语。以哲学作成格言，极为隽永。

《武纪》第六十八 此篇亦兵家言。

《铨（quán）法》第六十九 此篇言用人之道。

《器服》第七十 此篇言明器，可考丧礼。

四、《仪礼》《礼记》《大戴礼记》《周礼》

《周礼》《仪礼》《礼记》，今日合称"三礼"。按高堂生所传之《礼》，本止十七篇；即今《仪礼》，是为《礼经》。《周礼》本称《周官》，与孔门之《礼》无涉。《礼记》亦得比于传耳。然今竟以此三书并列，而《周礼》一书，且几驾《仪礼》而上之，其故何耶？

按《汉书·艺文志》谓《礼》"自孔子时而不具。汉兴，鲁高堂生传《士礼》十七篇。讫孝宣世，后仓最明。戴德、戴圣、庆普皆其弟子，三家立于学官。《礼古经》者，出于淹中及孔氏学七十篇（当作十七篇），文相似；多三十九篇。及《明堂阴阳》《王史氏之记》，所见多天子、诸侯、卿大夫之制。虽不能备，犹愈仓等推士礼而致于天子之说。"刘歆讥太常博士："国家将有大事，若立辟雍、封禅、巡守之仪，则幽冥而莫知其原。"此为古学家求礼于十七篇以外之原因，盖讥今学家所传为不备也。主今学者曰：今十七篇中，唯《冠》《昏》《丧》《相见》为士礼，余皆天子、诸侯、卿大夫之制。谓高堂生所传独有士礼，乃古学家訾謷（wèi）之辞，不足为今学病也。其说良是。然谓十七篇即已备一切之礼，则固有所不能。《逸礼》三十九篇，群书时见征引（《注疏》中即甚多），信今学者悉指为刘歆伪造，似亦未足服人。然谓高堂生所传十七篇，真乃残缺不完之物，则又似不然也。此其说又何如耶？

予谓孔门所传之《礼经》为一物；当时社会固有之礼书，又为一物。孔门传经，原不能尽天下之礼；亦不必尽天下之礼。以所传之经，不能尽天下之礼，而诋博士，其说固非；然必谓博士所传以外，悉为伪物，则亦未是也。邵懿辰云："《周官·大宗伯》，举吉、凶、宾、军、嘉五礼，其目三十有六。后人以此为《周礼》之全。实仅据王朝施于邦国者言之，诸侯卿大夫所守，不及悉具，亦揭其大纲而已。古无以吉、凶、宾、军、嘉为五礼者，乃作《周官》者特创此目，以括王朝之礼；而非所语于天下之达礼也。天下之达礼，时曰丧、祭、射、乡、冠、昏、朝、聘，与《大戴礼经》，篇次悉合（见后）。《礼运》亦两言之，特'乡（鄉）'皆误为'御'耳。后世所谓《礼书》者，皆王朝邦国之礼，而民间所用无多；即有之，亦不尽用。官司所掌，民有老死不知不见者，非可举以教人也。孔子所以独取此十七篇者，以此八者为天下之达礼也。"（邵说见《礼经通论》，此系约举其意）按此说最通。礼源于俗，不求变俗，随时而异，随地而殊；欲举天下所行之礼，概行制定，非唯势有不能，抑亦事可不必。故治礼所贵，全在能明其义。能明其义，则"礼之所无，可以义起"，原不必尽备其篇章。汉博士于经所无有者，悉本诸义以为推，事并不误。古学家之訾之，乃曲说也。推斯义也，必谓十七篇之外，悉皆伪物，其误亦不辨自明矣。然此不足为今学家病，何也？今学家于十七篇以外之礼，固亦未尝不参考也。

何以言之？按今之《礼记》，究为何种书籍，习熟焉则不察，细思即极可疑。孔子删订之籍，称之曰"经"；后学释经之书，谓之为"传"，此乃儒家通称。犹佛家以佛所说为"经"，菩萨所说为"论"也。其自著书而不关于经者，则可入诸儒家诸子；从未闻有称为"记"者。故廖平、康有为，皆谓今之《礼记》，实集诸经之传及儒家诸子而成，其说是矣。然今《礼记》之前，确已有所谓"记"，丧服之记，子夏为之作传，则必在子夏以前。今《礼记》中屡称"记曰"，疏皆以为"旧记"。《公羊》僖二年传亦引"记曰：唇亡则齿寒"。则"记"盖社会故有之书，既非孔子所修之经，亦非弟子释经之传也。此项古籍，在孔门传经，固非必备（故司马迁谓《五帝德》《帝系姓》，儒者或不传），而亦足为参考之资。何者？孔子作经，贵在明义。至于事例，则固有所不能该。此项未尽之事，或本诸义理，以为推致；或酌采旧礼，以资补苴，均无不可。由前之说，则即后仓等推士礼而至于天子之法，亦即所谓"礼之所无，可以义起"；由后之说，则《仪礼正义》所谓"凡《记》皆补《经》所不备"是也。诸经皆所重在义，义得则事可忘，《礼经》固亦如此；然礼须见诸施行，苟有旧时礼以供采取参证，事亦甚便。此礼家先师，所以视"记"独重也。然则所谓《礼记》者，其初盖礼家裒集经传以外之书之称，其后则凡诸经之传，及儒家诸子，为礼家所采者，亦遂概以附之，而举蒙"记"之名矣。然则经传以外之书，博士固未尝不搜采；刘歆讥其"因陋就寡"，实乃厚诬君子之辞矣。今《礼记》中之《奔丧》《投壶》，郑皆谓与《逸礼》同，则《逸礼》一类之书，二戴固非不见也。

至于《周礼》，则本为言国家政制之书；虽亦被"礼"之名，而实与《仪礼》之所谓"礼"者有别。故至后世，二者即判然异名。《周礼》一类之书，改名曰"典"；《仪礼》一类之书，仍称为"礼"。如《唐六典》及《开元礼》是也。《周礼》究为何人所作，说者最为纷纭。汉时今学家皆不之信，故武帝谓其"渎乱不验"，何休以为"六国阴谋之书"；唯刘歆信为"周公致太平之迹"。东汉时，贾逵、马融、郑兴、兴子众皆治之，而郑玄崇信尤笃。汉末郑学大行，此经遂跻《礼经》之上。后人议论，大抵不出三派：（1）以称其制度之详密，谓非周公不能为。（2）则訾其过于烦碎，不能实行，谓非周公之书。（3）又有谓周公定之而未尝行；或谓立法必求详尽，行之自可分先后，《周官》特有此制，不必一时尽行，以为调停者。今按此书事迹，与群经所述，多相龃龉（jǔ yǔ），自非孔门所传。其制度看似精详，实则不免矛盾。（如康有为谓实行《周官》之制，则终岁从事于祭，且犹不给是也。见所著《官制议》）故汉武谓其"渎乱不验"，何休指为"六国阴谋"，说实极确。"渎乱"即杂凑之谓，正指其矛盾之处；"不验"则谓所言与群经不合也。古书中独《管子》所述制度，与《周官》最相类。《管子》实合道、法、纵横诸家之言，固所谓"阴谋之书"矣。故此书与儒家《礼经》，实属了无干涉，亦必非成周旧典。盖系战国时人，杂采前此典制成之。日本织田万曰："各国法律，最初皆唯有刑法，其后乃逐渐分析。行政法典，成立尤晚。唯中国则早有之，《周礼》是也。《周礼》固未必周公所制，然亦必有此理想者所成，则中国当战国时，已有编纂行政法典之思想矣。"（见所著《清国行政法》）此书虽属渎乱，亦必皆以旧制为据。刘歆窜造之说，大昌于康有为，而实始于方苞。苞著《周官辨》十篇，始举《汉书·王莽传》事迹为证，指为刘歆造以媚莽，说诚不为无见。然窜乱则有之；全然伪撰，固理所必无，则固足以考见古制矣。此书虽属虚拟之作，然孔子删订六经，垂一王之法，亦未尝身见诸施行。当两千余年前，而有如《周官》之书，其条贯固不可谓不详，规模亦不可谓不大。此书之可贵，正在于此。初不必托诸周公旧典，亦不必附和孔门《礼经》。所谓合之两伤，离之双美矣。必如郑玄指《周官》为经礼，《礼经》为曲礼（见《礼器》"经礼三百，威仪三千"注）。一为周公旧典，足该括夫显庸创制之全；一则孔子纂修，特掇拾于煨烬丛残之后——则合所不必合，而其说亦必不可通矣。

《仪礼》篇次，《大/小戴》及刘向《别录》，各有不同。今本之次，系从《别录》，然实当以《大戴》为是。依《大戴》之次，则一至三为冠、昏，四至九为丧、祭，十至十三为射、乡，十四至十六为朝、聘；十七丧服，通乎上下，且此篇实传，故附于末也。

篇名	大戴	小戴	别录
士冠礼	一	一	一
士昏礼	二	二	二
士相见礼	三	三	三
乡饮酒礼	十	四	四
乡射礼	十一	五	五
燕礼	十二	十六	十六
大射仪	十三	七	七
聘礼	十四	十五	八
公食大夫礼	十五	十六	九
觐礼	十六	十七	十
丧服经传	十七	九	十一
士丧礼	四	八	十二
既夕礼	五	十四	十三
士虞礼	六	十五	十四
特牲馈食礼	七	十三	十五

续表

篇名	大戴	小戴	别录
少牢馈食礼	八	十一	十六
有司彻	九	十二	十七

礼之节文，不可行于后世，而其原理则今古皆同。后世言礼之说，所以迂阔难行；必欲行之，即不免徒滋纷扰者，即以拘泥节文故。故今日治礼，当以言义理者为正宗；而其言节文者，则转视为注脚，为欲明其义，乃考其事耳。然以经作史读，则又不然。礼源于俗，故读古礼，最可考见当时社会情形。《礼经》十七篇，皆天下之达礼，尤为可贵。如冠、昏、丧、祭之礼，可考亲族关系、宗教信仰；射、乡、朝、聘之礼，可考政治制度、外交情形是也。而宫室、舟车、衣服、饮食等，尤为切于民生日用之事。后世史家，记载亦罕，在古代则以与《礼经》相关故，钩考者众，事转易明（说本陈澧，见《东塾读书记》）。尤治史学者所宜究心矣。

至治《周礼》之法，则又与《礼经》异。此书之所以可贵，乃以其为政典故，前已言之。故治之者亦宜从此留意。《周官》六官，前五官皆体制相同；唯冬官缺，以《考工记》补之。按古代工业，大抵在官。（除极简易，及俗之所习，人人能自制者）制度与后世迥异。今可考见其情形者，以此书为最详，亦可宝也（《周礼》有《冬官》补亡一派。其说始于宋俞庭椿之《周礼复古编》。谓五官所属，在六十以外者皆羡，乃割袭之以补《冬官》。其说无据，不足信也）。

今《礼记》凡四十九篇。《正义》引《六艺论》曰："戴德传《记》八十五篇，则《大戴礼》是也；戴圣传《记》四十九篇，此

《礼记》是也。"《经典释文·叙录》引刘向《别录》："《古文记》二百四篇。"又引陈邵《周礼论·序》："戴德删《古礼》二百四篇为八十五篇，谓之《大戴礼》；戴圣删《大戴礼》为四十九，是为《小戴礼》。后汉马融、卢植考诸家同异，附戴圣篇章，去其繁重，及所叙略，而行于世，即今《礼记》是也。"《隋志》则谓："戴圣删《大戴》为四十六，马融足《月令》《明堂位》《乐记》为四十九。"今按《汉志》：礼家，《记》百三十一篇。班氏自注："七十子后学者所记也。"（按其中实有旧记，此书未尽合，见前）。此为今学。又《明堂阴阳》三十三篇，《王史氏》二十一篇。此即所谓"《礼古经》出淹中，多三十九篇，及《明堂阴阳》《王史氏记》者"（见前）。更加《古封禅群祀》二十二篇，凡二百七。如《隋志》说，《月令》《明堂位》《乐记》三篇，为马融、卢植后加，则正二百四也（此外礼家之书：《曲台后仓》，乃汉师所撰。《中庸说》《明堂阴阳说》皆说，《周官经》《周官传》别为一书，与礼无涉。《军礼司马法》为班氏所入。《封禅议对》《汉封禅群祀》《议奏》，皆汉时物。故唯《古封禅群祀》可以相加也。然此二百四篇中，百三十一篇实为今学，不得概云古文记）。然《乐记正义》又引刘向《别录》，谓《礼记》四十九篇。《后汉书·桥玄传》："七世祖仁，著《礼记章句》四十九篇。"仁即班氏《儒林传》所谓小戴授梁人桥仁季卿者。《曹褒传》："父充，治《庆氏礼》。褒又传《礼记》四十九篇。庆氏学遂行于世。"则《礼记》四十九篇，实小戴、庆氏之所共，抑又何耶？按陈邵言：马融、卢植去其繁重，而不更言其篇数，明有所增亦有所去，而篇数则仍相同。

今《礼记》中，《曲礼》《檀弓》《杂记》，皆分上下，实四十六篇。四十六加八十五，正百三十一。然则此百三十一篇者，固博士相传之今学，无所谓删《古记》二百四篇而为之也。或谓今之《大戴记》，《哀公问》《投壶》皆全同《小戴》；苟去此二篇，篇数即不足八十五，安得谓小戴删取大戴乎？不知今之《大戴记》，无传授可考，前人即不之信（《义疏》中即屡言之）。虽为古书，必非大戴之书。然语其篇数，则出自旧传，固不容疑也。

《礼记》为七十子后学之书，又多存礼家旧籍。读之，既可知孔门之经义，又可考古代之典章，实为可贵。然其书编次错杂，初学读之，未免茫无头绪。今更逐篇略说其大要。

《曲礼》上第一、下第二　此篇乃杂记各种礼制，明其委曲者，故称《曲礼》。凡礼之节文，多委曲繁重。然社会情形，由此可以备睹。欲考古代风俗者，此实其好材料也。

《檀弓》上第三、下第四　此篇虽杂记诸礼，实以丧礼为多。檀弓，《疏》云六国时人；以仲梁子是六国时人，此篇有仲梁子故。然"檀弓"二字，特取于首节以名篇，非谓此篇即檀弓所记。或谓檀弓即仲弓，亦无确证也。

《王制》第五　此篇郑氏以其用"正"决狱，合于汉制；又有"古者以周尺""今以周尺"之言，谓其出于秦、汉之际。卢植谓汉文令博士诸生所作。按《史记·封禅书》："文帝使博士诸生刺取六经作《王制》。"今此篇中固多存诸经之传（如说制爵禄为《春秋传》，巡守为《书传》），卢说是也。孔子作六经，损益前代之法，以成一王之制，本不专取一代。故经传所说制度，与《周官》等书述一代之制者，不能尽符。必知孔子所定之制，与历代旧制，判然二物，乃可以读诸经。若如郑注，凡度制与《周官》不合者，即强指为夏、殷，以资调停，则愈善附会而愈不可通矣。细看此篇注疏，便知郑氏牵合今古文之误。此自治学之法当然，非有门户之见也。

《月令》第六　此篇与《吕览》十二纪、《淮南·时则训》大同。《逸周书》亦有《时训》《月令》二篇。今其《月令》篇亡，而《时训》所载节候，与此篇不异。盖此实合彼之两篇为一篇也。蔡邕、王肃以此篇为周公作，盖即以其出于《周书》。郑玄则以其令多不合周法；而太尉之名，九月授朔之制，实与秦合，指为出于《吕览》。然秦以十月为岁首，已在吕不韦之后，则郑说亦未可凭。要之古代自有此等政制，各家同祖述之，而又颇以时制，改易其文耳。

《曾子问》第七　此篇皆问丧礼、丧服，多可补经所不备。

《文王世子》第八　此篇凡分五节（见《疏》）。可考古代学制、刑法、世子事父之礼，王族与异姓之殊。此篇多古文说。

《礼运》第九　《礼器》第十　此两篇颇错杂，然中存古制及孔门大义甚多。如《礼运》首节，述大同之治，实孔门最高理想。"夫礼之初"一节，可考古代饮食居处进化情形。下文所论治制，亦多非春秋、战国时所有，盖皆古制也。《礼器》云："因名山以升中于天，因吉土以享帝于郊。"昊天上帝与五方帝之别，明见于经者，唯此一处而已。论礼意处，尤为纯美。

《郊特牲》第十一　此篇在《礼记》中最为错杂。大体论祭祀，而冠、昏之义，皆错出其中。

《内则》第十二　此篇皆家庭琐事，而篇首云："后王命冢宰，降德于众兆民。"令宰相以王命行之，可见古代之政教不分。所记各节，尤可见古代卿大夫之家生活之情况也。

《玉藻》第十三　此篇多记服饰。一篇之中，前后倒错极多，可见《礼记》编次之杂。因其编次之杂，即可见其传授之久也。

《明堂位》第十四　此篇记周公摄王位，以明堂之礼朝诸侯，与《周书·明堂》篇略同。篇中盛夸鲁得用王礼。又曰："君臣未尝相弑也，礼乐刑法政俗，未尝相变也。"郑玄已讥其诬。此篇盖鲁人所传也。

《丧服小记》第十五　《大传》第十六　此两篇为记古代宗法，最有条理之作；盖因说丧服而及之。

《少仪》第十七　郑云："以记相见及荐羞之小威仪，故名。""少""小"二字，古通也。

《学记》第十八　此篇皆论教育之法，涉学制者甚少。篇首即云："君子如欲化民成俗，其必由学乎！"又曰："古之王者，建国君民，教学为先。"下文又云："能为师，然后能为长。能为长，然后能为君。故师也者，所以学为君也。"此篇盖皆为人君说法，然其论教育之理则极精。

《乐记》第十九　此篇凡包含十一篇（见《疏》），论乐之义极精。《荀子》《吕览》诸书论乐者，多与之复，盖相传旧籍也。

《杂记》上第二十、下第二十一　此篇杂记诸侯以下至士之丧事。

《丧大记》第二十二　此篇记人君以下，始死、小殓、大殓，及殡葬之礼。

《祭法》第二十三　此篇记虞、夏、商、周四代之祀典，极有条理。

《祭义》第二十四　《祭统》第二十五　此两篇皆论祭祀。《祭义》中孔子与宰我论鬼神一段，可考古代之哲学。此外曾子论孝之语，及推论尚齿之义，皆可见古代伦理，以家族为之本。故修身、齐家、治国、平天下，义可一贯也。

《经解》第二十六　此篇论《诗》《书》《乐》《易》《礼》《春秋》之治，各有得失。六艺称经，此为最早矣。下文论礼之语，颇同《荀子》。

《哀公问》第二十七　《仲尼燕居》第二十八　《孔子闲居》第二十九　此三篇文体相类，盖一家之书也。《哀公问》篇，前问政，后问礼。《仲尼燕居》篇，记孔子为子张、子贡、子游说礼乐。《孔子闲居》篇，则为子夏说诗。皆反复推论，词旨极为详尽。

《坊记》第三十　此篇论礼以坊民，列举多事为证。

《中庸》第三十一　此篇为孔门最高哲学。读篇首云"天命之谓性，率性之谓道，修道之为教"三语可见。唯中间论舜及文、武、周公一节，暨"凡为天下国家有九经"一节，太涉粗迹，疑亦他篇简错也。

《表记》第三十二　郑云："此篇论君子之德，见于仪表者，故名。"

《缁衣》第三十三　以上四篇，文体相类。《释文》引刘瓛（huán）云："《缁衣》为公孙尼子作。"《隋书·音乐志》，谓《中庸》《表记》《坊记》《缁衣》，皆取《子思子》，《乐记》取

《公孙尼子》。今按《初学记》引《公孙尼子》："乐者，审一以定和，比物以饰节。"《意林》引《公孙尼子》："乐者，先王之所以饰喜也。"皆见今《学记》；《意林》引《子思子》十余条，一见于《表记》，再见于《缁衣》；则《隋志》之言信矣。

《奔丧》第三十四　此篇记居于他国，闻丧奔归之礼。郑云：此篇与《投壶》皆为逸礼，见《疏》。

《问丧》第三十五　《服问》第三十六　《闲传》第三十七《三年问》第三十八　此四篇皆释丧礼之义，及丧服轻重所由，实亦《仪礼》之传也。

《深衣》第三十九　此篇记深衣之制。深衣为古者天子达于庶人之服，若能深明其制，则其余服制，皆易明矣。

《投壶》第四十　此篇记投壶之礼，为古人一种游戏。

《儒行》第四十一　此篇记孔子对哀公，列举儒者之行。与《墨子·非儒》《荀子·非十二子》等篇对看，可见当时所谓儒者之情形。

《大学》第四十二　此篇论学以治国之理。与《学记》篇合看，可见古代学与政相关。

《冠义》第四十三　《昏义》第四十四　《乡饮酒义》第四十五《射义》第四十六　《燕义》第四十七　《聘义》第四十八　此六篇皆《仪礼》之传。但读《礼经》诸篇，殊觉其干燥无味；一读其传，则觉妙绪环生。此吾所以云今日治礼，当以言义理者为主，言节文者为注脚也。

《丧服四制》第四十九　此篇亦《丧服》之传也。

今之《大戴记》，虽未必为戴德之旧，然其中有若干篇，则确为大戴所有。如许慎《五经异义》引《盛德》记，已谓为今《戴礼》说是也。此书《隋志》作十三卷。司马贞言亡四十七篇，存者三十八篇。今存者实三十九篇；盖由《夏小正》一篇，尝摘出别行之故。《中兴书目》《郡斋读书志》谓存者四十篇，则因其时《盛德》记已析为两故也。此书《盛德》篇中论明堂之处，古书征引，皆称为《盛德》篇，不知何时析出，别标明堂之名。宋时诸本篇题，遂或重七十二，或重七十三，或重七十四，《四库》校本仍合之，篇题亦皆校正，具见《四库书目提要》。

此书《哀公问》《投壶》两篇，篇名及记文皆同《小戴》，已见前。此外尚有同《小戴》及诸书处，具见下。盖《戴德》旧本缺佚，后人取诸书足成之也。《汉志》所载《曾子》十八篇，《孔子三朝记》七篇，今多存此书中。不知为《大戴》之旧，抑后人所为。记本纂次古籍，以备参稽，患其缺，不患其杂。此书虽非《大戴》原本，然所采皆古籍，其功用亦与《礼记》无殊。史绳祖《学斋占毕》，谓宋时尝以此书与《小戴》并列，称十四经，诚无愧色，非如以《周书》与《尚书》并列之拟不于伦也。旧注存者十四篇，王应麟《困学纪闻》谓出卢辩。事见《周书》，说盖可信。

《王言》第三十九 此书今自三十八篇以上皆亡。此篇记孔子闲居，曾子侍，孔子告以王天下之道，亦颇涉治制。此篇与《家语》大同小异。

《哀公问五义》第四十 此篇记孔子告哀公人有五等，与《荀子》《家语》略同。

　　《哀公问于孔子》第四十一　此篇同《小戴·哀公问》。《家语》亦袭之，而分《大昏》《问礼》两篇。

　　《礼三本》第四十二　此篇略同《荀子·礼论》。

　　四十三至四十五缺。

　　《礼祭》第四十六　此篇同《小戴·经解》及贾谊《新书》。

　　《夏小正》第四十七　此篇与《周书·周月》篇大同。《小戴记·礼运》：“孔子曰：吾得夏时焉。”郑注谓夏时存者有《夏小正》，则此篇确为古书也。《北史》：魏孝武释奠太学，诏中书舍人卢景宣讲《大戴礼·夏小正》；则南北朝时，此篇确在本书中。《隋志》：《夏小正》一卷，戴德撰；则隋时有别行本矣。

　　《保傅》第四十八　此篇与《汉书·贾谊传疏》同。《新书》分为《傅职》《保傅》《容经》《胎教》四篇。按此本古制，谊盖祖述之也。

　　《曾子立事》第四十九　《曾子本孝》第五十　《曾子立孝》第五十一　《曾子大孝》第五十二　《曾子事父母》第五十三　《曾子制言》上第五十四、中第五十五、下第五十六　《曾子疾病》第五十七　《曾子天圆》第五十八　《汉书·艺文志》有《曾子》十八篇。朱子曰：世称《曾子》书，取《大戴》十篇充之。晁公武《郡斋读书志》，陈振孙《书录解题》，皆云《曾子》二卷十篇，具《大戴》。盖《汉志》原书之亡久矣。《立事》《制言》《疾病》三篇，皆恐惧修省之意，与他书载曾子之言，意旨相合。《大孝》篇同《小戴·祭义》；《立孝》《事父母》，意亦相同。《天圆》篇：“单居离问于曾子曰：天圆而地方，诚有之乎？曾子曰：如诚天圆而地方，则是四角之不掩也。近人皆取之，为我国早知地圆之证。然天圆地方，本以理言（犹言天动地静。然天动地静，亦以理言也），非以体言。"古代天文家，无不言地圆者，亦不待此篇为证也。下文论万有皆成于阴阳二力，万法皆本于阴阳，颇同《淮南子·天文训》。《事父母》篇："若夫坐如尸，立如齐；弗讯不言，言必齐色，此成人之善者也，未得为人子之道也。"或谓《小戴·曲礼上》篇"若夫坐如尸，立如齐"实与此篇文同，而下文脱去。《郑注》读"夫""如"字，乃即就脱文释之也。

《武王践阼》第五十九　此篇记师尚父以《丹书》诏武王，武王于各器物皆为铭，以自儆。前半亦见《六韬》。

《卫将军文子》第六十　此篇记卫将军文子问子贡以孔子弟子孰贤。子贡历举颜渊、冉雍诸人以对。子贡见孔子，孔子又告以伯夷、叔齐诸贤人之行。略同《家语·弟子行》。

《五帝德》第六十二　《帝系》第六十三　前篇略同《史记·五帝本纪》，后篇盖同《世本》。按《五帝本纪》既谓"轩辕之时，神农氏世衰，诸侯相侵伐，弗能征"，又谓"炎帝欲侵陵诸侯"，其词未免矛盾。黄帝与炎帝战于阪泉，蚩尤战于涿鹿。据《索隐》引皇甫谧，《集解》引张晏说，二者又皆在上谷，事尤可疑。今此篇只有与炎帝战于阪泉之文，更无与蚩尤战于涿鹿之说。炎帝，姜姓；蚩尤，九黎之君（《书·吕刑》伪孔传，《释文》引马融说，《战国策·秦策》高诱注）。苗民亦九黎之君（《小戴记·缁衣》疏引《吕刑》郑注。此苗民为九黎之君之贬称，非谓人民也），三苗亦姜姓，得毋炎帝、蚩尤，实一人，阪泉、涿鹿实一役耶？此等处，古书诚只字皆至宝也。

《劝学》第六十四　此篇略同《荀子》。后半又有同《荀子·宥坐》篇处。

《子张问入官》第六十五　论官人之道，略同《家语》。

《盛德》第六十六　此篇前半论政治，后半述明堂之制。略同《家语·五刑解》《家语·执辔》二篇。

《千乘》第六十七　此篇论治国之道，有同《王制》处。此下四篇及《小辨》《用兵》《少闲》，《困学记闻》谓即《孔子三朝记》。

《四代》第六十八　《虞戴德》第六十九　《诰志》第七十　此三篇亦论政治。

《文王官人》第七十一　此篇同《逸周书》。

《诸侯迁庙》第七十二　《诸侯衅庙》第七十三　此两篇亦《逸礼》之类，后篇在《小戴·杂记》中。

《小辨》第七十四　此篇戒"小辨破言，小言破义，小义破道"，发明"主忠信"之旨。

《用兵》第七十五　此篇言人生而有喜怒之情，兵之作，与民之有生以俱来。圣人利用而弭乱，乱人妄用以丧身。与《吕览》《淮南》之说相似，实儒家论兵宗旨所在也（参看论彼二书处）。

《少闲》第七十六　此篇论分民以职之道，与法家消息相通。

《朝事》第七十七　同《小戴·聘义》，《周官·典命》《大行人》。

《投壶》第七十八　同《小戴》而少略。

《公冠》第七十九　此篇述诸侯冠礼，后附成王汉昭祝辞。《士冠礼》："公侯之有冠礼，夏之末造也。"可见公冠礼自古有之，特以非达礼故，孔子定《礼经》，不取之耳。然仍在二《戴记》中。解此，可无訾今文家所传之不备，亦不必尽斥古文家之《逸礼》为伪造也。

《本命》第八十　《易本命》第八十一　此两篇为古代哲学，推究万物原本，一切以数说之。但其中又有论及男女之义处，又有一段同《丧服四制》。盖古代伦理，亦原本哲学，故连类及之也。

礼之为物，最为烦琐。欲求易明，厥有二法：（1）宜先通其例。通其例，则有一条例为凭，可以互相钩考，不至茫无把握矣。看凌廷堪《礼经释例》最好。（2）宜明其器物之制。江永《仪礼释宫注》、任大椿《深衣释例》二书最要。器物必参看实物，动作必目验实事，乃更易明。古物不可得，则宜看图。张皋文《仪礼图》最便。动作可以身演，阮元发其议，陈澧尝行之，（见《东塾读书记》）可法也。若喜考究治政制度者，则《周礼》重于《仪礼》。其中荦荦大端，如沈彤之《周官禄田考》、王鸣盛之《周礼军赋说》等，皆可参阅。《考工记》关涉制造，戴震有《考工记图》，阮元又有《车制图考》（《考工记》于各种工业最重车）。

"三礼"旧疏皆好。清儒新疏，《仪礼》有胡培翚之《正义》，《周礼》有孙诒让之《正义》，唯《礼记》无之。然古书皆编次错杂，任举一事，皆散见各处，钩稽非易，通贯自难。实当以类相从，另行编次。朱子之《仪礼经传通解》，即准此例而作。江永之《礼书纲目》，沿用其例；而后起更精，多足订正《通解》之失，不可不一阅也。若宋陈祥道之《礼书》，则该贯古今，更为浩博。清秦蕙田《五礼通考》，盖沿其流；卷帙太繁，非专门治礼者，但资翻检足矣。

《礼记》之注，以宋卫湜（shí）《礼记集说》，搜采为最多。宋以前诸儒之说《礼记》者，今日犹可考见，皆赖此书之存也。清杭世骏《续礼记集说》，搜采逮于清初，亦称浩博。然卷帙太巨，且中多空论，未免泛滥无归。初学欲求简明，读清朱彬《礼记训纂》却好。此书参考博，而颇能反之于约也。《大戴记》久讹舛，清卢文弨（chāo）、戴震始厘正其文字。其后汪照有《大戴礼注补》，孔广森有《大戴礼记补注》，王聘珍有《大戴礼记解诂》。

五、《易》

言《易》之书，不外理、数两派。汉之今文家，言理者也；今文别派京氏，及东汉传古文诸家，言数者也。晋王弼之学，亦出汉古文家，然舍数而言理，宋邵雍、刘牧之徒，则又舍理而求诸数；唯程颐言理不言数。古今《易》学之大别，如此而已。

汉今文《易》立于学官者四家，施、孟、梁丘及京氏是也。《汉书·儒林传》谓"要言《易》者，本之田何"。据传所载：田何传王同、周王孙、丁宽、齐服生。王同传杨何（即司马谈所从受《易》者，见《太史公自序》），丁宽传田王孙，田王孙传施雠、孟喜、梁丘贺。授受分明，本无异派也。然《传》又云："丁宽至洛阳，复从周王孙受古谊。"周王孙与宽，同学于田何，安所别得古谊，而宽从受之？已不免矛盾矣。《贺传》又云："从京房受《易》。房者，杨何弟子也。房出为齐郡太守，贺更事田王孙。"《房传》云：
"受《易》梁人焦延寿。焦延寿云：尝从孟喜问《易》。房以为延寿
《易》即孟氏学。翟牧白生（孟喜授《易者》）不肯，皆曰非也。"
则纠纷弥甚。按《喜传》："得《易》家《候阴阳灾变书》，诈言师
田生且死时，枕喜膝独传喜。同门梁丘贺疏通证明之，曰：田生绝于
施雠手中，时喜归东海，安得此事？博士缺，众人共荐喜，上闻喜改
师法，遂不用喜。"则喜盖首为异说，以变乱师法者。然《京房传》
言："成帝时刘向校书，考《易》说，以为诸家皆祖田何。杨叔、丁
将军，大谊略同；唯京氏为异党。延寿独得隐士之说，托之孟氏，不
相与同。"则又似孟氏之学，本无异说，而为京房所依托者。今按京
氏《易》学，专言灾异，实出于中叶以后；丁宽当景帝时，安得有
此？刘向谓为伪托，说盖可信。梁丘贺初学于京氏，丁宽更问于田王
孙，盖亦造作之词也。汉古文《易》传于后者为费氏，《传》云：
"费氏《易》无章句，徒以《彖》《象》《系辞》十篇、《文言》解
说上下经。"则其学亦应举大谊，不杂术数。然郑玄、荀爽皆传费氏
《易》者，其学顾多言象数，实与京氏为同党。何哉？盖古文《易》
又有高氏。高氏亦无章句，而传言其专言阴阳灾异，正与京氏同。盖
汉初《易》家，皆仅举大谊，不但今文如此，即初出之费氏古文，
亦尚如此。其后术数之学浸盛，乃一切附会经义；不徒今文之京氏
然，即古文之高氏亦然矣。东汉传费氏《易》者，盖恃用其古文之经
（《汉志》云："刘向以中古文《易经》校施、孟、梁丘经，或脱去
'无咎''悔亡'，唯费氏经与古文同。"当时盖有费氏经优于施、
孟、梁丘经之说）。至其说，则久非费氏之旧。此所以王弼亦治费氏

《易》，而其说顾与郑、荀诸家判然不同也。孟氏《易》嫡传，厥唯虞氏。然《三国志·虞翻传》注载翻奏，谓"前人通讲，多玩章句：虽有秘说，于经疏阔"。此实虞氏叛孟氏之明证。今所传孟氏《易》说，盖亦非孟氏之旧矣。

东汉《易》学，至王弼而一变。弼学亦出费氏，然与郑、荀等大异，能举汉人象数之说，一扫而空之。盖还费氏以《彖》《象》《系辞》说经之旧，不可谓无廓清摧陷之功也。自是以后，郑、王之学并行，大抵河北主郑，江南行王。至唐修《五经正义》用王氏，而《郑易》亦亡。唐李鼎祚作《周易集解》，独不宗王，而取汉人象数之说，所搜辑者三十余家。后人得以考见汉《易》者，独赖此书之存而已。

至于宋代，则异说又兴，宋儒言《易》，附会《图》《书》。其学实出陈抟（tuán），而又分二派：（1）为刘牧之《易数钩隐》，以九为《河图》，十为《洛书》。（2）为邵雍，说正相反。后邵说盛行，而刘说则宗之者颇希。程颐独指邵说为《易》外别传；所著《易传》，专于言理。朱子学出于颐，所作《易本义》，亦不涉图学，而卷首顾附以《九图》，王懋竑谓考诸《文集》《语类》，多相抵牾，疑为后人依附。然自此图附于《本义》后，《图》《书》之学又因之盛行者数百年。至于明末，疑之者乃渐多。至清胡渭作《易图明辨》，而《图》《书》为道家之物，说乃大明（疑《图》《书》者始于元陈应润。应润著《爻变义蕴》，始指先天诸图为道家修炼之术。明、清之际，黄宗羲著《易学象数论》，宗羲弟宗炎著《图书辨惑》，毛奇龄著《图书原舛编》，而要以胡氏书为最详核。以此书与惠栋之《明堂大道录》并读，颇可考见古今术数之学之大略也）。自此以后，汉《易》大兴，舍宋人之象数，而言汉人之象数矣。

从来治《易》之家，言理者则诋言数者为诬罔，言数者则诋言理者为落空。平心论之，皆非也。汉儒《易》说，其初盖实止传大义；阴阳灾异之说，不论今古文，皆为后起；已述如前。宋人之《图》，实出道家；在儒家并无授受；经清儒考证，亦已明白。然谓汉初本无象数之说，《图》《书》亦无授受之征，则可；谓其说皆与《易》不合，则不可。西谚云：“算账只怕数目字。”汉、宋象数之说，果皆与《易》无关，何以能推之而皆合乎（参看论《淮南子》）？盖古代哲学，导源宗教，与数、术本属一家。其后孔门言《易》，庸或止取大义。然为三代卜筮之书之《易》，则固未尝不通于数术。吾侪今日，原不必执言但考孔门之《易》，而不考三代卜筮之旧《易》，且亦不能断言孔门之《易》，决不杂象数之谈；即谓孔门之《易》不杂象数，而数显易征、理藏难见，今者《易》义既隐，亦或因数而易明也。然则象数之说，在《易》学虽非正传，固亦足资参证矣。唯此为专门之学，非深研古代哲学者，可以不必深究。

《易》为谁作，及其分篇若何，颇有异说。《汉志》：“《易经》十二篇，施、孟、梁丘三家。”师古曰：“《上下经》及《十翼》，故十二篇。”《十翼》者：《易正义》云“《上下彖》《上下象》《上下系》《文言》《说卦》《序卦》《杂卦》”是也。然《法言·问神》谓“《易》损其一”，《论衡·正说》谓孝宣时河内女子得《逸易》一篇；《隋志》亦述其事，而又云得三篇。按今《系辞》中屡有“系辞”字，皆指《卦辞》《爻辞》言之。《太史公自序》引今《系辞》之文，谓之《易大传》，据《释文》、王肃本《系辞》实有"传"字。今《系辞》中多有"子曰"字，明系后学所为，王肃本是也。《说卦》《序卦》《杂卦》盖亦非汉初所有，故《隋志》以为三篇后得。然则今本以《卦》《爻辞》及《彖》《象》合为上下二篇，盖实汉师相传旧本。《汉志》谓施、孟、梁丘经即十二篇，其说盖误。志载各家《易传》皆二篇（唯丁氏八篇，亦与十二篇不合），施、孟、梁丘《章句》亦皆二篇，亦其一证也。然自东汉以后，皆以分十二篇者为古本（《三国志·高贵乡公纪》：博士淳于俊谓郑氏合彖、象于经）。宋吕祖谦如其说，重定之。朱子作《本义》，即用其本。明时修《五经大全》，以《本义》析入程《传》。后士子厌程《传》之繁，就其本刊去程《传》，遂失《本义》原次。清修《周易折中》，用宋咸淳吴革刻本，仍分为十二篇焉。

伏羲"画卦"，见于《系辞》，故无异说。至"重卦"，则说者纷纷。王弼以为伏羲自重，郑玄以为神农，孙盛以为夏禹，史迁以为文王；《卦辞》《爻辞》，郑学之徒，以为文王作；马融、陆绩之徒，以《卦辞》为文王、《爻辞》为周公作。至《十翼》则并以为孔子作，无异论（并见《正义八论》）。今按《系辞》为传，《说卦》等三篇后得，已见前。既云后得，则必不出孔子。《史记·孔子世家》云："孔子晚而喜《易》，序《彖》《系象》《说卦》《文言》。""序"之云者，"次序"之谓，犹上文所谓"序书传"，初不以为自作。《汉志》乃云："孔氏为之《彖》《象》《系辞》《文言》《序卦》之属十篇。"与以《卦辞》《爻辞》为文王、周公作者，同一无确据而已。要之《易》本卜筮之书，其辞必沿之自古，纵经孔子删订，亦不必出于自为；疑事无质，不必凿言撰造之人可也（《周礼》："大卜三易：一曰《连山》，二曰《归藏》，三曰《周易》。"杜子春以《连山》为伏羲，《归藏》为黄帝。郑玄则谓："夏曰《连山》，殷曰《归藏》，周曰《周易》。"然郑以卦、爻辞并为文王作，则不以《连山》《归藏》为有辞也）。

读《易》之法，可分精、粗二者言之。若求略通《易》义，可但观王《注》、程《传》，以《易》本文与周秦诸子，互相钩考。（可用惠氏《易微言》之法）若求深造，则象数之说，亦不可不通。说已见前。唯仍须与哲学之义不背，不可坠入魔障耳。清儒治汉《易》者，以元和惠氏为开山，武进张氏为后劲；江都焦氏，则为异军苍头。初学读《易》者，即从此三家入手可也。汉儒《易》学，自唐修《五经正义》后久微。惠氏乃以李鼎祚《集解》为主，参以他种古书，一一辑出。其书有《周易述》二十一卷，《易汉学》八卷，《易例》二卷。《九经古义》中，涉《易》者亦不少。《明堂大道录》一书，实亦为《易》而作；《书目答问》，入之礼家，非也（惠氏书多未成，《周易述》一种，其弟子江藩有《补》四卷）。汉儒《易》学，各有家法。惠氏搜辑虽勤，于此初未能分别。至张氏乃更有进。张氏之书，有《周易虞氏义》九卷，《虞氏消息》二卷，《易礼》二卷，《易事》二卷，《易言》二卷，《易候》一卷，又有《周易郑氏义》二卷，《荀氏九家义》一卷，《易义别录》十四卷；始分别诸家，明其条贯，而于虞氏尤详；亦以《集解》存诸家说，本有详略之不同也。焦氏书曰《周易章句》十二卷，《易通释》十二卷，《易图略》八卷。焦氏不墨守汉人成说，且于汉儒说之误者，能加以驳

正；《通释》一书，自求条例于《易》，立说亦极精密，诚精心之作
也。予谓三家书中，惠氏之《明堂大道录》，及其《周易述》中所附
之《易微言》，及焦氏之《易通释》三种，尤须先读。《明堂大道
录》，举凡古代哲学，与术数有关之事，悉集为一编；可作古代宗教
哲学史读，读一过，则于此学与古代社会，究有何等关系，已可了
然。《易微言》将《易经》中哲学名词，一一逐条抄出，更附以他种
古书，深得属辞比事之法。《易通释》则统合全书，求其条例，皆治
学最善之法也。学者循其门径，不第可以读《易》，并可读古代一切
哲学书矣。

六、春秋

《春秋》一书，凡有"三传"。昔以《公羊》《穀梁》为今文，
《左氏》为古文。自崔适《春秋复始》出，乃考定《穀梁》亦为
古文。

《春秋》之记事，固以《左氏》为详；然论大义，则必须取诸
《公羊》。此非偏主今学之言也。孟子曰："其事则齐桓、晋文，其
文则史，其义则丘窃取之矣。"若如后儒之言，《春秋》仅以记事，
则《孟子》所谓义者，安在哉？太史公曰："《春秋》文成数万，其
指数千。"今《春秋》全经，仅万七千字，安得云数万？且若皆作记
事之书读，则其文相同者，其义亦相同。读毛奇龄之《春秋属辞比
事表》，已尽《春秋》之能事矣，安得数千之指乎？《春秋》盖史
记旧名（韩起适鲁，见《易象》与《鲁春秋》，见《左》昭二年。

孟子曰："晋之《乘》，楚之《梼杌（táo wù）》，鲁之《春秋》，一也。"而《晋语》：司马侯谓羊舌肸（xī）习于《春秋》，《楚语》：申叔论传太子，曰：教以春秋。盖《乘》与《梼杌》为列国异名，而《春秋》则此类书之通名也。《墨子》载《周春秋》记杜伯事，《宋春秋》记祮（hòu）观辜事，《燕春秋》记庄子仪事，亦皆谓之《春秋》）。孔子修之，则实借以示义。《鲁春秋》之文，明见《礼记·坊记》。孔子修之，有改其旧文者，如庄七年"星陨如雨"一条是也；有仍而不改者，如昭十二年"纳北燕伯于阳"一条是也。故子女子曰："以《春秋》为《春秋》。"（闵元年）《传》曰："定、哀多微辞。主人习其读而问其传，则未知己之有罪焉尔。"（定元年）封建之时，文网尚密，私家讲学，尤为不经见之事；况于非议朝政、讥评人物乎？圣人"义不讪上，知不危身"，托鲁史之旧文，传微言于后学，盖实有所不得已也，曷足怪哉！

《易》与《春秋》，相为表里。盖孔门治天下之道，其原理在《易》，其办法则在《春秋》也。今试就"元年春王正月"一条，举示其义。按《传》曰："元年者何？君之始年也。春者何？岁之始也。王者孰谓？谓文王也。曷为先言王而后言正月？王正月也。何言乎王正月？大一统也。公何以不言即位？成公，意也。"何君《解诂》曰："《春秋》变一为元。元者，气也，无形以起，有形以分，造起天地，天地之始也。故上无所系，而使春系之也。不言公言君者，所以通其义于王者。《春秋》托新王受命于鲁，故因以录即位。明王者当继天奉元，养成万物；春者，天地开辟之端，养生之首，法象所出，四时本名也。文王，周始受命之王，天之所命，故上系天端。方陈受命，制正月，故假以为王法。不言谥者，法其生，不法其死，与后王共之，人道之始也。统者，总系之辞。王者始受命，改制，布政施教于天下，莫不一一系于正月，故云政教之始。即位者，一国之始。政莫大于正始，故《春秋》以元之气，正天之端；以天之端，正王之政；以王之政，正诸侯之即位；以诸侯之即位，正境内之治。诸侯不上奉王之政，则不得即位，故先言正月而后言即位；政不由王出则不得为政，故先言王而后言正月也。王者不承天以制号令则无法，故先言春而后言王；天不深正其元，则不能成其化，故先言元而后言春。五者同日并见，相须成体；乃天人之大本，万物之所系，不可不察也。"按中国古代哲学，最尊崇自然力。此项自然力，道家名之曰"道"，儒家谓之曰"元"（参看《论读子之法》）。《春秋》"元年春王正月"之"元"，即《易》"大哉乾元，万物资始，乃统天"之"元"。为宇宙自然之理，莫知其然而然，只有随顺，更无反抗。人类一切举措，能悉与之符，期为今人所谓"合理"；人类一切举措而悉能合理，则更无余事可言，而天下太平矣。然空言一切举措当合理甚易，实指何种举措为合理则难；从现在不合理之世界，蕲至于合理之世界，其间一切举措，一一为之拟定条例，则更难。《春秋》一书，盖即因此而作。故有据乱、升平、太平三世之义。二百四十年之中，儒家盖以为自乱世至太平世之治法，皆已毕具，故曰："《春秋》曷为终乎哀十四年？曰备矣。"曰："拨乱世，反之正，莫近于《春秋》。"曰："万物之散聚，皆在《春秋》也。"（"物""事"，古通训）《春秋》之为书如此。其所说之义，究竟合与不合，姑措勿论。而欲考见孔子之哲学，必不能无取乎是，则正极平易之理，非怪迁之谈矣。

《公羊》一书，自有古学后，乃抑之与《左》《穀》同列，并称"三传"。其实前此所谓《春秋》者，皆合今之《经》与《公羊传》而言之，崔适《春秋复始》，考证甚详；（其实诸经皆然，今之《仪礼》中即有传，《易》之《系辞传》亦与经并列。）今之所谓《春秋》经者，乃从《公羊》中摘出者耳。汉儒言《春秋》者于齐、鲁，自胡毋生；于赵，自董仲舒。今仲舒书存者有《春秋繁露》；何氏《公羊解诂》，系依胡毋生条例。今学家之书传于后者，当以此为最完矣。（伏生《书传》，缺佚更甚于《繁露》。《韩诗》仅存《外传》。此外今学家经说，更无完全之书。）清儒之治今学，其始必自《春秋》入，盖有由也。《繁露》凌曙有注；康有为《春秋董氏学》，条理极明，可合看。清儒疏《公羊》者，有孔广森之《通义》，及陈立之《义疏》。陈书校胜于孔，以孔于今古文家法，实未明白也。

董子曰："《诗》无达诂，《易》无达占，《春秋》无达辞。"盖文字古疏今密，著书之体例亦然。孔子作《春秋》，为欲借以示义，原不能无义例。然欲如后人之详密，则必不能。若必一一磨勘，则"三传"之例，皆有可疑；过泥于例，而背自古相传之义，非所宜也。然初学治《春秋》，必先略明其例，乃觉自有把握，不至茫无头绪，特不当过泥耳。欲明《公羊》条例者，宜读刘逢禄《公羊何氏释例》、崔适《春秋复始》两书。

《穀梁》虽亦古学，然其体例，实与《公羊》为近。《公羊》先师有子沈子，《穀梁》亦有之。其大义虽不如《公羊》之精，然今

《公羊》之义，实亦缺而不完（凡有经无传者皆是）；《穀梁》既有先师之说，亦足以资参证也。范宁《集解自序》，于"三传"皆加诋諆（qī），谓"当弃所滞，择善而从。若择善靡从，即并舍以求宗，据理以通经"。此自晋人治经新法，已开啖、赵[1]"三传"束阁之先声矣（《范注》屡有驳《传》之处，如隐九年、庄元年、僖八年、十四年、哀二年皆是。杨《疏》亦屡有驳《注》之处，见僖四年及文二年。僖元年"护菖筜"一事，《注》既驳《传》，《疏》又驳《注》）。杨士勋《疏》称宁别有《略例》百余条，今皆不见。盖已散入《疏》中？清儒治此经者，柳兴宗《穀梁大义述》、许桂林《穀梁释例》两书最好。

至《左氏》一书，则与《公羊》大异。孔子之修《春秋》，必取其义，说已见前。今《左氏》一书，则释《春秋》之义者甚少。或有经而无传，或有传而无经（庄二十六年之传全不释经）。夫传以解经，既不解经，何谓之传？故汉博士谓"《左氏》不传《春秋》"。杜预谓其"或先经以起事，或后经以终义，或依经以辨理，或错经以合异"，乃曲说也。《汉书·刘歆传》："初《左氏传》多古字古言，学者传训诂而已。及歆治《左氏》，引传文以解经，转相发明，由是章句义理备焉。"此语实最可疑。传本释经，何待歆引？曰"歆引以解"，则传之本不释经明矣。故信今学者，以此经为刘歆伪造。谓太史公《报任安书》"左丘失明，厥有《国语》"，云"左丘"不云"左丘明"（下文左丘明无目，"明"字乃后人所加。《论语》

"左丘明耻之"一章，出古《论》，齐、鲁《论》皆无之，见崔适《论语足征记》），云："《国语》不云《左氏传》，则本有《国语》而无《左氏传》，有左丘而无左丘明。今之《左传》，盖刘歆据《国语》所编；今之《国语》，则刘歆编《左传》之余也。"其说信否难定。要之《左氏》为史，《春秋》为经；《春秋》之义，不存于《左氏》；《左氏》之事，足以考《春秋》，则持平之论矣（《左氏》《国语》为一家言，人人知之。其书与《晏子春秋》，亦极相似：所记之事，既多重复；且《左氏》时有"君子曰"，《晏子春秋》亦有之，盖皆当时史记旧文也。《史记·十二诸侯年表》："孔子西观周室，论史记旧闻，兴于鲁，而次《春秋》。七十子之徒，口受其传说。为有所刺讥褒讳贬损之文辞，不可以书见也。鲁君子左丘明，惧弟子人人异端，各安其意，失其真，故因孔子史记，具论其语，成《左氏春秋》。"说甚游移。具论其语，为论孔子传指，抑论史记旧闻？云成《左氏春秋》，则此书果为左氏一家言？抑孔子所修《春秋》之传乎？《汉志》曰："仲尼思存前圣之业，以鲁周公之国，礼文备物，史官有法，故与左丘明观其史记，据行事，仍人道，因兴以立功，败以成罚，假日月以定历数，借朝聘以正礼乐。有所褒讳贬损，不可书见，口授弟子。弟子退而异言。丘明恐弟子各安其意以失其真，故论本事而作传。明夫子不以空言说经也。"说较明白。然褒讳贬损，果失其真，论其本事何益？今《公羊》固非全不及事，特本为解经，故其述事但取足以说明经意而止耳。然则弟子固非不知本事，安有所谓空言说经者，而有待于左丘明之论乎？故"《左氏》不传《春秋》"，说实至确。唯《公》《穀》述事，既仅取足以解经，语焉不详。生当今日，而欲知《春秋》之本事，则《左氏》诚胜于二传。此则不徒以经作史读者，不可不究心；即欲求《春秋》之义者，本事亦不可昧，《左氏》固仍必读之书也）。

传必释经，儒家通义，故汉儒治此者，郑众、贾逵、服虔、许惠卿等，皆引《公》《穀》之例以释之。至杜预，乃自立体例，谓"专修丘明之传，以释经。经之条贯，必出于《传》；《传》之义例，总归于凡"。于是《左氏》一书，始离《公》《穀》而独立矣。今学说六经，皆以为孔子之制作，古学家乃推诸周公。杜预以"凡五十为周公垂法，史书旧章，仲尼从而明之。其书、不书、先书、故书、不言、不称、书曰之类，乃为孔子变例"。而六经出周公之说，益完密矣。杜预亦古学之功臣也。《释例》一书，已散入疏中，仍别有单行之本。此可考见杜氏一家之学耳。不独非《春秋》义，即汉儒治《左氏》者，亦不如此也。欲考杜以前《左氏》注，可看洪亮吉《春秋左传诂》、李贻德《贾服注辑述》两书。《左氏》之专用杜义，亦唐定《正义》后始然。前此主贾、服诸家者，与杜相攻颇甚；刘炫《规过》，尤为有名。今之孔《疏》，往往袭刘炫《规过》之词，转以申杜。刘文淇《旧疏考证》，将今疏中袭用旧疏者，一一考出，颇足考见孔《疏》以前之旧疏也。

《左氏》一书，本只可作史读。故杜氏治此，即于史事极详。《释例》而外，又有《世族谱》《盟会图》《长历》，以考年月事迹、世系。后儒治此，亦多注重史事，其中最便考索者，当推马骕（sù）《左传事纬》、顾栋高《春秋大事表》两书。《事纬》系纪事本末体，读《左氏》时参检之，可助贯串。《大事表》一书，将全书事迹分门别类，悉列为表，若网在纲，有条不紊，尤必须一读。不独有裨于读《左》，兼可取其法以读他书耳。唯以《左氏》作史读，亦有不可不知者两端：（1）则《左氏》记事，多不可信。前人论者已多，无待赘述。（2）则《左氏》记事，亦有须参证《公》《穀》乃能明白者。《公》《穀》述事，本为解经，故其所述，但取足说明经义而止，前已言之。《左氏》则不然，故其记事之详，十倍《公》《穀》，且皆较为可信。如邲（bì）之战：据《公羊》，楚庄王几于堂堂之阵，正正之旗；而据《左氏》，则先以和诳晋，继乃乘夜袭之，实不免于谲诈。《公羊》之说，盖杂以解经者之主观矣。然《左氏》云："晋人或以广队，不能进，楚人惎（jì）之脱扃（jiōng）少进，马旋，又惎之拔旆（pèi）投衡，乃出。顾曰：吾不如大国之数奔也。"当交战之时，而教敌人以遁逃，以致反为所笑，殊不近情。故有训"惎"为"毒"，以"惎之"断句者。然如此，则晋人"顾曰"之语，不可解矣。必知《公羊》"还师以佚晋寇"之说，乃知庄王此役，虽蓄谋以败晋军，而初不主于杀戮；故其下得教敌人以遁逃。然则"晋之余师不能军，宵济亦终夜有声"之语，盖亦见庄王之宽大。杜注谓讥晋师多而其将师不能用，殆非也。此则非兼考《公羊》，不能明史事之真，并不能明《左氏》者矣。举此一事，余可类推。世之不信《公羊》者，每谓其不近情理；其实言《春秋》而不知《公羊》之条例，其事乃真不近情理。即如《春秋》所记，诸侯盟会，前半皆寥寥数国，愈后而其国愈多。若拨弃《公羊》之义，即作为史事读，岂《春秋》诸国，其初皆不相往来者乎？

宋人之治《春秋》，别为一派。其端实启于唐之啖助、赵匡。二人始于"三传"皆不置信，而自以意求之经文。啖、赵皆未尝著书。其弟子陆淳，著《春秋集传纂例》《春秋微旨》，皆祖述啖、赵之说。宋儒之不守"三传"，亦与啖、赵同；而其用意则又各异。宋儒所著之书，以孙复之《春秋尊王发微》、胡安国之《春秋传》为最著。孙书专主尊攘，盖亦北宋时势始然。《胡传》本经筵进讲之书，时值南宋高宗，故尤发挥大复仇之义，欲激其君以进取；意有所主，不专于说经也。明初颁诸经于儒学，皆取宋人之注；以胡氏学出程氏，遂取其书。学者乃并"三传"而称为"四传"焉。宋人讲《春秋》者，多近空谈；既未必得经之意，于史事亦鲜所裨益。非研究宋学者，可以不必措意。

七、《论语》《孟子》《孝经》《尔雅》

《诗》《书》《礼》《易》《春秋》，乃汉人所谓"五经"。《论语》《孝经》，汉人皆以为传。（《孝经》虽蒙经名，亦在传列。）《孟子》在儒家诸子中，《尔雅》则汉人所辑之训诂书也。自宋代以此诸书，与"五经""三传"及《小戴礼记》合刻，乃有"十三经"之名；朱子取《礼记》中之《大学》《中庸》，以配《论语》《孟子》，乃又有"四书"之名。经与传之别，自西汉专门之学亡后，实已不能深知；今日研究，传且更要于经（说见前），亦不必更严其别也。今就此诸书，略论其读法如下。

"四书"之名，定自朱子；悬为令申，则始元延祐。然《汉志》《礼记》之外，有《中庸说》二篇，《隋志》有戴颙（yóng）《中庸说》二卷，梁武帝有《中庸讲疏》一卷；则《礼记》外有别行之本，由来已久。《大学》，唐以前无别行本，而《书录解题》有司马光《大学中庸广义》各一卷；亦在二程之前。王安石最尊《孟子》，司马光、晁公武却非议之，未免意气用事。宋《礼郑韵略》所附条式，元祐中即以《论》《孟》试士，则尊《孟》亦不始朱子矣。又朱子所定《四书》，以《大学》《论语》《孟子》《中庸》为次。后人移《中庸》于《大学》之后，则专以卷帙多少论耳。

朱子于四书皆有注，乃一生精力所萃。其于义理，诚有胜过汉儒处，不可不细读也（欲窥宋学之藩者，读此四书之注亦甚好）。朱子注四书，《大学》分经传，颠倒原次；《中庸》虽无颠倒，分章亦不从郑氏，故皆谓之"章句"。《论》《孟》则聚众说，为之注解，故称"集注"。朱子注此四书之意，别著《或问》以发明之；然其后于《集注》又有改定，而《或问》于《大学》外未及重编。故《或问》与《四书注》，颇多抵牾；《文集》《语类》中，有言及注四书之意者，亦不能尽合，不得据《或问》以疑四书之注也。

《论语》有《鲁论》《齐论》及《古论》之别。《鲁论》篇次与今本同。《齐论》别有《问王》《知道》二篇。二十篇中，章句亦颇多于《鲁论》。《古论》云出孔壁，分《尧曰》后半"子张问"以下，别为一篇，故有两《子张》；篇次亦不与《齐论》《鲁论》同。张禹受《鲁论》于夏侯建，又从庸生王吉受《齐论》；择善而从，号曰《张侯论》，已乱《齐》《鲁》之别；郑玄就《鲁论》篇章，考之《齐》《古》为之注，则并《齐》《鲁》《古》三者之别而泯之矣。魏何晏集诸家之说，并下己意为《集解》，盛行于世；即今《十三经注疏》所采之本也。梁时，皇侃为之作疏。宋邢昺疏，即系据《皇疏》删其支蔓，附以义理者。梁疏后亡佚，迄清代乃得之日本焉。《古论》云有孔安国注，今见《集解》所引，盖亦王肃所伪，其后此注亦亡；清时，歙（shè）县鲍氏，云得其书于日本，重刻之，则又六朝以来伪物也。《论语》一书，皆记孔子及孔门弟子言行，说颇平易可信。书系杂记，无条理。《正义》篇篇皆言其总旨及章次，殊属不必也。清儒作新疏者，有刘宝楠《论语正义》。

《孟子》一书，存儒家大义实多。他姑勿论，民贵君轻之义，非《孟子》即几于泯没不传。此外道性善、明仁义，亦皆孔门大义，至可宝贵。康有为谓《孟子》传孔门大同之义，荀卿只传小康；合否今姑勿论，要其为书，则远出荀卿之上，非他儒书所得比并，真孔门之马鸣、龙树矣。又《孟子》书中，存古经说甚多。其言《春秋》处，今人已多知之；言《尚书》处，则知者较鲜。予按《万章上》篇，言尧舜禅让事，无一不与《书大传》合者；盖今文书说，亦民贵君轻之大义也。若无此义，则《尧典》一篇，诚乃极无谓之物矣。古有赵岐注，颇无味。阮氏《校勘记》指其注"摩顶放踵"处，与《文选注》所引不合，疑亦有窜乱也。疏题宋孙奭，实邵武士人所伪，已见前。清儒作新疏者，有焦循《正义》，博而精。

《孝经》一书，无甚精义。姚际恒《古今伪书考》以为伪书。然其书在汉时，实有传授，且《吕览》即已引之，则姚说未当。此书无甚精义，而汉儒顾颇重之者，汉时社会宗法尚严，视孝甚重。此书文简义浅，人人可通，故用以教不能深造之人。如后汉令期门、羽林之士通《孝经》章句是也。（纬书云："志在《春秋》，行在《孝经》。"《六艺论》云："孔子以六艺题目不同，指意殊别，恐道离散，后世莫知根原，故作《孝经》以总会之。"可见汉人重此之心理。）此书亦有今、古两本。今文注出郑玄，传自晋荀昶；古文出于刘炫，多《闺门章》四百余字。唐《开元御注》用今文，元行冲为之作疏。宋邢昺《疏》，即以元《疏》为蓝本。清儒治此者，有皮锡瑞《孝经郑注疏》。此书无甚深义，一览可也（孔门言孝之义，长于《孝经》者甚多）。

《尔雅》乃训诂书，后人亦附之于经。其实非也。张楫《上广雅表》谓"周公著《尔雅》一篇（《释文》以为释诂）。今俗所传二篇，或言仲尼所增，或言子夏所益，或云叔孙通所补，或云沛郡梁文所考"，要之皆无确据。予按古人字书，共有三种：（1）四言或三七言韵语，自《史籀篇》以下皆然（王国维说）。乃古人识字之书，与今私塾教学童读《三字经》《千字文》同法。（此事盖沿之自古，予别有论。）（2）以字形分部，如今之字典，始于许慎之《说文解字》。（3）《尔雅》，今之词典也。此本抄撮以备查检，后人相传，亦必有增改，无所谓谁作。今此书训诂，几全同毛《传》，《释乐》同《周官·大司乐》，九州异《禹贡》而同《周官》，则古学既出后之物。《释兽》中狻麑（suān jǐ）即狮子，出西域；鶌鸠（duò jiū）出北方沙漠，翠生郁林，鱲鮬（yù kū）出乐浪、潘国，魵（fén）虾出秽邪头国；皆非战国前所有，明为后人增益。正如《神农本草经》有汉郡县名耳。此书专治小学者，宜熟读之；否但粗加涉猎，随时查检即可。清儒新疏，有郝懿行《义疏》、邵晋涵《正义》两种。

论读子之法

"吾国书籍，分为经、史、子、集四部；而集为后起之物，古代只有经、史、子三者。经、子为发表见解之书，史为记载事物之书。"已见前。逮于后世，则子亡而集代兴。集与子之区别，集为一人之著述，其学术初不专于一家；子为一家之学术，其著述亦不由于一人。勉强设譬，则子如今之科学书，一书专讲一种学问；集如今之杂志，一书之中，讲各种学问之作皆有也。

子书之精者，讫于西汉。东汉后人作者，即觉浅薄。然西汉子书之精者，仍多祖述先秦之说；则虽谓子书之作，讫于先秦，可也。然远求诸西周以前，则又无所谓子。然则子者，春秋、战国一时代之物也。其故何邪？予谓专家之学兴而子书起，专家之学亡而子书讫。春秋战国，专家之学兴起之时也。前乎此，则浑而未分；后乎此，则又裂而将合。故前此无专家之学，后此亦无专家之学也。请略言之。

诸子之学之起源，旧说有二：（1）出《汉志》，谓其源皆出于王官。（2）出《淮南·要略》，谓皆以救时之弊。予谓二说皆是也。何则？天下无无根之物；使诸子之学，前无所承，周秦之际，时势虽亟，何能发生如此高深之学术？且何解于诸子之学，各明一义，而其根本仍复相同邪（见下）？天下亦无无缘之事，使非周秦间之时势有以促成之，则古代浑而未分之哲学，何由推衍之于各方面，而成今诸子之学乎？此犹今人好言社会主义，谓其原出于欧洲之马克思等可；谓由机械发明，生财之法大变，国民生计受外国之侵削，而国内劳动资本阶级亦有划分之势，因而奋起研究者多，亦无不可也。由前则《汉志》之说，由后则《淮南》之说也。各举一端，本不相背。胡适之撰《诸子不出于王官论》，极诋《汉志》之诬，未免一偏矣。

人群浅演之时，宗教哲学，必浑而不分；其后智识日进，哲学乃自宗教中蜕化而出。吾国古代，亦由是也。故古代未分家之哲学，则诸子之学所同本；而未成哲学前之宗教，则又古代不分家之哲学之根源也。必明乎此，然后于诸子之学，能知其源；而后读诸子书，乃有入处。

宇果有际乎？宙果有初乎？此在今日，人人知非人智所逮，哲学家已置诸不论不议之列。然此非古人所知也。今人竞言"宇宙观""人生观"，其实二者本是一事。何则？我者，宇宙间之一物；以明乎宇宙之真理，然后我之所以自处者，乃皆得其道矣。故古人之所研究，全在哲学家所谓宇宙论上也。

吾国古代之宇宙论，果如何乎？曰：古之人本诸身以为推。见夫人之生，必由男女之合也，则以为物亦如此；而仰观、俯察，适又有苍苍者天，与抟抟者地相对；有日月之代明，有寒暑之迭更——在在足以坚其阴阳二元之思想。于是以为天地之生物，亦如是而已矣。故曰："物本乎天，人本乎祖。"（《礼记·郊特牲》）

然哲学所求之原因，必为"最后"，为"唯一"。求万物之原因，而得阴阳二元，固犹非"一"；非"一"，则非其"最后"者也。然则阴阳之源，又何物耶？夫谓万物厘然各别，彼此不能相通者，乃至浅之见；不必证以科学，而亦能知其非是者也。人日食菽（shū）饮水而后生，又或豢（huàn）豕为酒以为食。方其未饮食时，菽自菽，水自水，豕自豕，酒自酒，人自人也；及其既饮食之后，则泯然不复见其迹焉。人三日不食则惫，七日不食则死。然则人与动植矿物，异乎？不异乎？且也，"众生必死，死必归土。骨肉毙于下，荫为野土；其气发扬于上为昭明，焄（xūn）蒿凄怆。"（《礼记·祭义》）然则人与天地，是一乎？是二乎？（古以天为积气所成）故谓万物厘然各别，彼此不能相假者，至浅之见；稍深思之，而即知其非是者也。此固不待证之以科学也；古之人亦知此也，乃推求万物之本原，乃以为天地万物皆同一原质所成，乃名此原质曰"气"。

《易大传》曰："精气为物，游魂为变。""精"者，凝集紧密之谓。《公羊》庄十年"觕（cū）者曰侵，精者曰伐"注"觕，粗也。精，犹密也"是也。魂者，人气。盖同一气也，古人又以为有阴阳之分。阳者性动，轻清而上升；阴者性静，重浊而下降。（《左》昭七年疏引《孝经说》曰："魂，芸也。""芸"芸动也。《广雅·释天》："三气相接，剖判分离；轻清者上为天，重浊者下为地。"）其在于人，则阳气成神，是曰魂；阴气成形，是曰魄。故魂亦气也。上言气，下言魂，变词耳。"游"者，游散（《韩注》）。构成万有之原质，循一定之律，而凝集紧密焉，则成人所知觉之物，是曰"精气为物"；循一定之律而分离游散焉，则更变化而成他物，是曰"游魂为变"而已矣。此其在人，则为生死。然非独人也，一切物之成毁莫不如是，即天地亦然。故古人论天地开辟，亦以气之聚散言之。《易正义八论》引《乾凿度》"有太易，有太初，有太始，有太素。太易者，未见气；太初者，气之始；太始者，形之始；太素者，质之始"是也。职是故，古人乃以万物之原质（即气）凝集之疏密，分物质为五类，是为"五行"。五行之序，以微著为渐。《尚书·洪范》疏所谓"水最微为一，火渐著为二，木形实为三，金体固为四，土质大为五"也[益以（一）有形无形；（二）有质无质；（三）同是有质也，而刚柔大小不同，为分类之准。犹今物理学分物为气体、液体、固体也]。然则宇宙间一切现象，无所谓有无，亦无所谓生死，只是一气之变化而已。气之变化，无从知其所以然，只可归之于一种动力。然则此种动力，乃宇宙之根源也。故曰"易不可见，乾坤或几乎息"也（《易·系辞》）。

故此种动力，古人视为伟大无伦。《易》曰："大哉乾元，万物资始，乃统天。"《公羊》何注曰："春秋以元之气，正天之端。天不深正其元，则不能成其化。"《老子》曰："有物混成，先天地生；寂兮寥兮，独立而不改，周行而不殆；可以为天下母。吾不知其名，字之曰道。"皆指此种动力言之。夫如是，则天地亦遵循自然之律而动作而已；非能贵于我也，更非能宰制我也。大而至于天地，小而至于蚊虻（méng），其为一种自然之质，循自然之律而变化，皆与我同也。故曰："天地与我并生，万物与我为一。"（《庄子》）然则中国古代之哲学，殆近于机械论者也。

此等动力，固无乎不在，是之谓"神"。《易·系辞》曰："神无方而易无体。"（盈天地之间皆是，则不能偏指一物为神，故无体）又曰："阴阳不测之谓神。"（盈天地之间皆是，自然无论男女、雌雄、牝牡皆具之；男女、雄雌、牝牡皆具之，则无复阴阳之可言矣）又曰："唯神也，故不疾而速，不行而至。"又曰："无思也，无为也，寂然不动，感而遂通天下之故；非天下之至神，其孰能与于此？"（言其充塞乎宇宙之间，故无从更识其动相）亦指此等动力言之也。此等动力，既无乎不在，则虽谓万物皆有神可也，虽谓物即神可也。故曰："鬼神之为德，其盛矣乎。体物而不可遗。"（《礼记·中庸》）神即物，物即神，则孰能相为役使？故曰"吹万不同，使其自己；咸其自取，怒者其谁"也。（《庄子·齐物论》）然则中国古代之哲学，又可谓之无神论，谓之泛神论也。

此等哲学思想，为百家所同具。至东周以后，乃推衍之于各方面，而成诸子之学焉。盖其时世变日亟，一切现象，皆有留心研究之人。而前此一种哲学，入于人人之心者既深，自不免本之以为推。其源既同，则其流虽异，而仍必有不离其宗者在。此周秦诸子之学，所以相反而相成也。今试略举数端以明之。

古代哲学，最尊崇自然力。既尊崇自然力，则只有随顺，不能抵抗。故道家最贵"无为"。所谓"无为"者，非无所事事之谓，谓因任自然、不参私意云耳。然则道家之所谓"无为"，即儒家"为高必因丘陵，为下必因川泽"之意；亦即法家"绝圣弃智"、专任度数之意也。自然之力，无时或息。其在儒家，则因此而得"自强不息"之义焉；其在道家之庄列一派，则谓"万物相刃相靡（mó），其行如驰"，"一受其成形，不亡以待尽"，因此而得委心任运之义焉。自然力之运行，古人以为如环无端，周而复始。其在道家，则因此而得"祸福倚伏"之义，故贵"知白守黑，知雄守雌"；其在儒家，则因此而得穷变通久之义，故致谨于治制之因革损益；其在法家，则因此而得"古今异俗，新故异备"之义，而商君等以之主张变法焉。万物虽殊，然既为同一原质所成，则其本自一。夫若干原质凝集而成物，必有其所以然，是之谓"命"；自物言之则曰"性"（"性"与"生"本一字，故告子曰"生之谓性"，而孟子驳之以"白之为白"也）。"性命"者，物所受诸自然者也。自然力之运行，古人以为本有秩序，不相冲突（《礼记·礼运》曰："事大积焉而不苑，并行而不缪，细行而不失；深而通，茂而有间；连而不相及也，动而不相害也。"《中庸》曰："万物并育而不相害，道并行而不相悖。"皆极言天然之有秩序，所谓"顺"也）。人能常守此定律，则天下可以大治；故言治贵"反诸性命之情"，故有"反本""正本"之义。儒家言尽性可以尽物，道家言善义生者可以托天下，理实由此。抑《春秋》之义，正次王，王次春；言"王者欲有所为，宜求其端于天"。而法家言形名度数，皆原于道，亦由此也。万物既出于一，则形色虽殊，原理不异。故老贵"抱一"，孔贵"中庸"。抑宇宙现象，既变动不居，则所谓真理，只有"变"之一字耳。执一端以为中，将不转瞬而已失其中矣。故贵"抱一"而戒"执一"，贵"得中"而戒"执中"。"抱一""守中"，又即"贵虚""贵无"之旨也（"抱一"者，抱无一可抱之一。"得中"者，得无中可得之中）。然则一切现象正唯相反，然后相成。故无是非善恶之可言，而"物伦"可齐也。夫道家主因任自然，而法家主整齐画一，似相反矣。然所谓整齐画一者，正欲使天下皆遵守自然之律，而绝去私意；则法家之旨，与道家不相背也。儒家贵仁，而法家贱之。然其言曰："法之为道，前苦而长利；仁之为道，偷乐而后穷。"则其所攻者，乃姑息之爱，非儒家之所谓仁也。儒家重文学，而法家列之五蠹。然其言曰："糟糠不饱者，不务粱肉；短褐不完者，不待文绣。"则亦取救一时之急尔。秦有天下，遂行商君之政而不改，非法家本意也。则法家之与儒家，又不相背也。举此数端，余可类推。要之古代哲学之根本大义，仍贯通乎诸子之中。有时其言似相反者，则以其所论之事不同，史谈所谓"所从言之者异"耳。故《汉志》谓其"譬诸水火，相灭亦相生"也。必明乎此，然后能知诸子学术之源；而亦能知诸子以前，古代哲学之真也。

诸子中唯墨家之学为特异。诸家之言，皆似无神论、泛神论，而墨家之言"天志""明鬼"，则所谓"天"、所谓"鬼"者，皆有喜怒欲恶如人。故诸家之说，皆近机械论，而墨子乃独非命。予按墨子之志，盖以救世，而其道则出于禹。《淮南·要略》云："墨子学儒者之业，受孔子之术。以为其礼烦扰而不悦，厚葬靡财而贫民，服伤生而害事（"服"上盖夺"久"字）；故背周道而用夏政。"孙星衍《墨子后叙》，因此推论墨学皆源于禹，其说甚辩。予按古者生计程度甚低，通国之内，止有房屋一所，命曰明堂（说本阮氏元，见《揅（yán）经室集·明堂论》），为一切政令所自出（读惠氏栋《明堂大道录》可见）。《汉志》云："墨家者流，盖出于清庙之守，茅屋采椽，是以贵俭；养三老五更，是以兼爱；选士大射，是以尚贤；宗祀严父，是以右鬼；顺四时而行，是以非命；以孝视天下，是以尚同。"茅屋采椽，明堂之制也。养三老五更，学校与明堂合也。选士大射，后世行于泮（pàn）宫；然选士本以助祭，其即在明堂宜也。宗祀严父，清庙、明堂合一之制也。顺四时而行，盖《礼记·月令》、《吕览》十二纪、《淮南·时则训》所述之制，所谓一切政令，皆出明堂也。明堂既与清庙合，以孝视天下，说自易明。

《论语》："子曰：禹，吾无间然矣。菲饮食，而致孝乎鬼神；恶衣服，而致美乎黻（fú）冕；卑宫室，而尽力乎沟洫。""致孝乎鬼神""致美乎黻冕"，则宗祀严父之说也；卑宫室，则茅屋采椽之谓也。《礼记·礼运》："孔子曰：我欲观夏道，是故之杞；而不足征也，吾得夏时焉。"所谓夏时者，郑《注》以《夏小正》之属当之，而亦不能质言。窃以《月令》诸书所载，实其遗制。夏早于周千余岁，生计程度尚低，政治制度亦简，一切政令，皆出明堂，正是其时。周之明堂，即唐虞之五府，夏之世室，殷之重屋，乃祀五帝之所（《史记·五帝本纪》索隐引《尚书·帝命验》）。五帝者：东方青帝灵威仰，主春生；南方赤帝赤熛（biāo）怒，主夏长；西方白帝白招拒，主秋成；北方黑帝汁光纪，主冬藏；而中央黄帝含枢纽，则寄王四时。以四时化育，亦须土也。盖以天地万物，同为自然之力所成，乃进化以后之说。其初则诚谓有一天神焉，"申出万物"，"阴骘下民"；继又本"卑者亲视事"之义，造为所谓五帝，以主四时化育；而昊天上帝耀魄宝，则"居其所而众星拱之"而已。君德之贵无为，其远源盖尚在此。夫学说之变迁，必较制度为速。以孔子之睿智，岂尚不知五行灾变之不足凭？然其删订六经，仍过而存之者，则以其沿袭既久，未可骤废故也。然则夏之遗制，犹存于周之明堂，正不足怪。墨子所取之说，虽与诸家异，又是考见未进化时之哲学矣（墨子救世之志，诚可佩仰；然其学不久即绝，亦未始不由于此。以是时哲学业已大进，而墨子顾欲逆行未进化时之说故也）。

　　诸子派别，《史记·太史公自序》述其父谈之论，分为阴阳、儒、墨、名、法、道德六家。《汉志·诸子略》益以纵横家、杂家、农家、小说家，为十家；其中去小说家，为九流。此外兵家、数术、方技，《汉志》各自为略，而后世亦入子部。按兵家及方技，其为一家之学，与诸子十家同；数术与阴阳家，尤相为表里。《汉志》所以析之诸子之外者，以本刘歆《七略》；《七略》所以别之者，以校书者异其人。《七略》固书目，非论学术派别之作也。十家之中，阴阳家为专门之学，不易晓。小说家无关宏旨（九流之学，皆出王官，唯小说家则似起民间。《汉志》所谓"街谈巷议，道听途说者之所造，闾里小知者之所及"也。《庄子·外物篇》："饰小说以干县令，其于大达亦远矣。"《荀子·正名篇》："故知者论道而已矣，小家珍说之所愿皆衰矣。"所谓"饰小说"及"小家珍说"，似即《汉志》之小说家。盖九流之学，源远流长，而小说则民间有思想、习世故者之所为。当时平民，不讲学术，故虽偶有一得，初不能相与讲明，逐渐改正，以蕲进于高深；亦不能同条共贯，有始有卒，以自成一统系。故其说蒙"小"之名，而其书乃特多。《汉志》小说家之《虞初周说》，至九百四十三篇，《百家》至百三十九卷是也。其说固未尝不为诸家所采，如《御览》八百六十八引《风俗通》，谓"城门失火，殃及池鱼"，本出《百家》书是。然徒能为小说家言者，则不能如苏秦之遍说六国，孟子之传食诸侯；但能饰辞以干县令，如后世求仕于郡县者之所为而已。墨家上说之外，更重下教。今《汉志》小说家有《宋子》十八篇，实治墨学者宋钘（xíng）所为；盖采小说家言特多也。古之所谓小说家者如此；后世寄情荒怪之作，已非其伦；近世乃以平话尸小说之名，则益违其本矣）。农家亦专门之学，可暂缓。纵横家《鬼谷子》系伪书。其真者《战国策》，今已归入史部。

所最要者，则儒、墨、名、法、道及杂家六家而已。儒家之书，最要者为《孟子》，又《礼记》中存儒家诸子实最多，今皆已入经部。存于子部者，唯一《荀子》。此书真伪，予颇疑之。然其议论，固有精者；且颇能通儒法之邮，固仍为极要之书也。墨家除《墨子》外，更无传书（《晏子春秋》虽略有墨家言，而无甚精义）。名家《经》及《经说》见《墨子》；其余绪论，散见《庄子》《荀子》及法家书中。法家《商君书》精义亦少；间有之，实不出《管》《韩》二子之外。道家又分二派：（1）明"欲取姑与""知雄守雌"之术，《老子》为之宗，而法家之《管》《韩》承其流。（2）阐"万物一体""乘化待尽"之旨，其说具于《庄子》。《列子》书晚出，较《庄子》明白易解；然其精深，实不逮《庄子》也。而杂家之《吕览》《淮南》，兼综九流，实为子部瑰宝。《淮南王书》，虽出西汉，然所纂皆先秦成说，精卓不让先秦诸子也。兵家精义，略具《荀子·议兵》、《吕览·孟秋》《仲秋》二纪、《淮南·兵略》，及《管子》中言兵法诸篇。医经、经方，亦专门之学，非急务。然则儒家之《荀》，墨家之《墨》，法家之《管》《韩》，道家之《老》《庄》，杂家之《吕览》《淮南》，实诸子书中最精要者；苟能先熟此八书，则其余子部之书，皆可迎刃而解；而判别其是非真伪，亦昭昭然白黑分矣（读此八书之法，宜先《老》，次《庄》，次《管》《韩》，次《墨》，次《荀》，殿以《吕览》《淮南》。先《老》《庄》者，以道家专言原理，为诸家之学所自出也；次《管》《韩》者，以法家直承道家之流也；次《墨》，以见哲学中之别派也；《荀子》虽隶儒家，然其书晚出，于诸家之学皆有论难，实兼具杂家之用，以之与《吕览》《淮南》，相次并读，可以综览众家，考见其异同得失也）。

读诸子书者，宜留意求其大义。昔时治子者，多注意于名物训诂、典章制度，而于大义顾罕研求。此由当时偏重治经，取以与经相证；此仍治经，非治子也。诸家固亦有知子之大义足贵，从事表章者。然读古书，固宜先明名物制度；名物制度既通，而义乃可求。自汉以后，儒学专行，诸子之书，治之者少；非特鲜疏注可凭，抑且乏善本足据。校勘训释，为力已疲；故于大义，遂罕探讨。善夫章太炎之言曰："治经治子，校勘训诂，特最初门径然。大略言之：经多陈事实，诸子多明义理。校勘训诂而后，不得不各有所主。故贾、马不能理诸子，而郭象、张湛不能治经。"（《与章行严论墨学第二书》，见《华国月刊》第四期）胡适之亦谓"治古书之法有三：（一）校勘；（二）训诂；（三）贯通。清儒精于校勘训诂，于贯通工夫，尚有未逮。"（见所著《中国哲学史大纲》上卷第一篇）诚知言之选也。今诸子之要者，经清儒校勘训释之后，近人又多有集解之本，初学披览，已可粗通。若求训释更精，及以其所述制度，互相比较，并与群经所述制度相比较（制度以儒家为详，故以诸子所述制度与经比较尤要），则非初学所能。故当先求其大义。诸家大义，有彼此相同者，亦有相异者。相同者无论矣，即相异者，亦仍相反而相成，宜深思而求其会通；然后读诸子书，可谓能得其要。至于校勘疏解，偶有所得，亦宜随时札记，以备他日之精研。读书尚未终卷，即已下笔千言，诋排先儒，创立异说，此乃时人习气，殊背大器晚成之道，深愿学者勿效之也（凡人著书，有可速成者，有宜晚出者。创立新义，发前人所未发，造端宏大，欲求详密，断非一人之力所能；只可姑引其端，而疏通证明，则望诸异人，或俟诸后日。此可早出者也。此等新义之发明，恒历数百千年而后一见；乃时会为之，非可强求，亦决非人人可得。至于校勘考证之学，正由精详，乃能得阐，必宜随时改订，以求完密；苟为未定之说，不可轻出误人。今人好言著书，而其所谈者，皆校勘考证之事，此则私心期期以为不可者也）。

读古书固宜严别真伪，诸子尤甚（秦汉以后之书，伪者较少，辨别亦较易，古书则不然。古书中之经，治者较多，真伪已大略可睹，子又不然也）。然近人辨诸子真伪之术，吾实有不甚敢信者。近人所持之术，大要有二：（1）据书中事实立论，事有非本人所能言者，即断为伪。如胡适之摘《管子·小称篇》记管仲之死，又言及毛嫱、西施，《立政篇》辟寝兵兼爱之言，为难墨家之论是也。（2）则就文字立论，如梁任公以《老子》中有偏将军、上将军之名，谓为战国人语（见《学术讲演集》评胡适之《中国哲学史大纲》）；又或以文字体制之古近，而辨其书之真伪是。予谓二法皆有可采，而亦皆不可专恃。何则？子为一家之学，与集为一人之书者不同，前已言之。故读子者，不能以其忽作春秋时人语，忽为战国人之言，而疑其书之出于伪造；犹之读集者，不能以其忽祖儒家之言，忽述墨家之论，而疑其文非出于一人。先秦诸子，大抵不自著书。今其书之存者，大抵治其学者所为；而其纂辑，则更出于后之人。书之亡佚既多，辑其书者，又未必通其学（即谓好治此学，然既无师授，即无从知其书之由来，亦无从正其书之真伪；即有可疑者，亦不得不过而存之矣）；不过见讲此类学术之书共有若干，即合而编之，而取此种学派中最有名之人，题之曰"某子云"耳。然则某子之标题，本不过表明学派之词，不谓书即其人所著；与集部书之标题为某某集者，大不相同。集中记及其人身后之事，及其文词之古近错出，固不足怪。至于诸子书所记事实，多有讹误，此似诚有可疑。然古人学术，多由口耳相传，无有书籍，本易讹误；而其传之也，又重其义而轻其事。如胡适之所摘庄子见鲁哀公，自为必无之事。然古人传此，则但取其足以明义，往见者果为庄子与否，所见者果为鲁哀公与否，皆在所不问；岂唯不问，盖有因往见及所见之人，不如庄子及鲁哀公之著名，而易为庄子与鲁哀公者矣。然此尚实有其事，至如孔子往见盗跖等，则可断并其事而无之。不过作者胸中有此一段议论，乃托之孔子、盗跖耳；此则所谓"寓言"也。此等处若据之以谈史实，自易谬误；然在当时，固人人知为"寓言"。故诸子书中所记事实，乖谬者十有七八；而后人于其书，仍皆信而传之。胡适之概断为当时之人，为求利而伪造；又讥购求者之不能别白，亦未必然也（误之少且小者，后人或不能辨；今诸子书皆罅漏百出，谬误显然，岂有概不能辨之理）。设事如此，行文亦然。今所传《五千言》，设使果出老子，则其书中偏将军、上将军，或本作春秋以前官名，而传者乃以战国时之名易之。此则如今译书者，于书中外国名物，易之以中国名物耳。虽不免失真，固与伪造有别也。又古人之传一书，有但传其意者，有兼传其词者。兼传其词者，则其学本有口诀可诵，师以是传之徒，徒又以是传之其徒；如今瞽人业算命者，以命理之书口授其徒然。此等可传之千百年，词句仍无大变。但传其意者，则如今教师之讲授，听者但求明其意即止；迨其传之其徒，则出以自己之言。如是三四传后，其说虽古，其词则

新矣。故文字、气体之古近，亦不能以别其书之古近也，而况于判其真伪乎？今各家学术，据其自言，皆有所本；说诚未必可信（《淮南子·修务训》已言之），然亦不能绝无关系。如管夷吾究但长于政事，抑兼长于学问，已杂质言。即谓长于学问，亦终不似著书之人。然今《管子·戒篇》载流连荒亡之说，实与孟子引晏子之言同（《梁惠王下》篇），《晏子春秋》亦载之；则此派学术，固出于齐；既出于齐，固不能断其与管仲无关也（《中/小匡篇》所述治制，即或为管仲之遗）。其他自谓其学出于神农、黄帝者视此（《孟子》"有为神农之言者许行"，梁任公谓其足为诸子托古之铁证。其意谓许行造作言语，托之神农也。然此语恐非如此解法。《礼记·曲礼下》篇："医不三世，不服其药。"《疏》引又说云："三世者：一曰黄帝针灸；二曰神农本草；三曰素女脉诀，又云夫子脉诀。"然则"神农本草"四字，乃一学科之名。今世所传《神农本草经》，非谓神农氏所作之《本草经》；乃谓神农本草学之经，犹今言药物学书耳。世多以其有后世郡县名，而訾其书非神农氏之旧，误矣。《月令》：季夏之月，"毋发令以妨神农之事"。此"神农"二字，决不能作神农氏解。然则诸书所引神农之教，如"一男不耕，或受之饥；一女不织，或受之寒"云云，亦非谓神农氏之教，乃谓神农学之说矣。"有为神农之言者"，"为"当训"治"，与《汉书·武帝纪》"丞相绾奏：所举贤良，或治申、商、韩非、苏秦、张仪之言"句法相同。《汉志》论农家者流曰："鄙者为之，以为无所事圣王，欲使君臣并耕"，正许行之说；初非谓其造作言语，托之神农也）夫神农、黄帝、管仲，诚未必如托之者之言·然其为此曹所托，亦必自有其故；

此亦考古者所宜究心矣。要之古书不可轻信，亦不可抹煞。昔人之弊，在信古过甚，不敢轻疑；今人之弊，则又在一概吐弃，而不求其故。楚固失之，齐亦未为得也。

明乎此，则知诸子之年代事迹，虽可知其大略，而亦不容凿求。若更据诸子中之记事以谈古史，则尤易致误矣。盖古书之存于今，而今人据为史料者，约有数种：（1）史家所记，又可分为四种：《尚书》，一也。《春秋》，二也。《国语》，三也（孔子所修之《春秋》，虽为明义而作，然其原本则为记事之书。《左氏》真伪未定，即真，亦与《国语》同类也）。世系，四也。此最可信。（2）私家纪事之作。其较翔实者，如孔门之《论语》；其务恢侈者，则如《管子·大/中/小匡》三篇是也。前者犹可置信，后者则全不足凭矣（古代史家所记之事，诚亦未必尽信。然较诸私家传说，则其谨严荒诞，相去不啻天渊。试取《大/中/小匡》三篇一读便见。此三篇中，《大匡》前半篇及《小匡》中"宰孔赐胙（zuò）"一段，盖后人别据《左氏》一类之书补入，余则皆治法学者传述之辞也）。（3）诸子中之记事。十之七八为寓言。即或实有其事，人名、地名及年代等，亦不可据；彼其意，固亦当作寓言用也。据此以考事实，苟非用之十分谨慎，必将治丝益棼（fén）。夫诸子记事之不可尽信如此，而今人考诸子年代事迹，顾多即以诸子所记之事为据；既据此假定诸子年代事迹，乃又持以判别诸子之书之信否焉，其可信乎？一言蔽之，总由不知子与集之异，太重视用作标题之人，致有此误也。

吾谓整治诸子之书，仍当着重于其学术。今诸子书亟待整治者有二：（1）后人伪造之品，窜入其中者。（2）异家之言，误合为一

书者。盖诸子既不自著书，而其后学之著书者，又未尝自立条例，成一首尾完具之作，而其书亡佚又多；故其学术之真相，甚难窥见。学术之真相难见，则伪品之窜入自易，异家之误会亦多。夫真伪混淆，则学说湮晦；异家错处，则流别不明。此诚足为治诸子学之累，故皆急宜拣剔。拣剔之法，仍宜就其学术求之，既观其同，复观其异；既其同异，更求其说之所自来，而求其所以分合之由。如是，则诸子之学可明；而诸子之学之根源，及其后此之兴替，亦可见矣。此法今人必讥其偏于主观；然考校书中事实及文体之法，既皆不足恃，则仍不能不出于此也。

　　旧时学者，于吾国古书往往过于尊信，谓西方学术，精者不出吾书；又或曲加附会，谓今世学术，皆昔时所已有。今之人则适相反，喜新者固视国故若土苴；即笃旧者，亦谓此中未必真有可取，不过以为旧有之物，不得不从事整治而已。此皆一偏之见。平心论之，社会科学之理，古人皆已引其端；其言之或不如后世之详明，而精简则远过之。截长补短，二者适足相偿也。且古代思想，恒为后世学术风俗之源；昧乎其源，则于其流终难深晓。诸子为吾国最古之学，虽其传久晦，而其义则已于无形中蒸为习尚，深入于人人之心。不知此者，其论世事，纵或持之有故，终不免隔河观火之谈。且真理古今不异，苟能融会贯通，心知其意，古书固未必不周今用，正可以今古相证而益明也。唯自然科学，中国素不重视；即有发明，较诸今日，亦浅薄已甚。稍加疏证，不过知古代此学情形如何，当作史材看耳。若曲加附会，侈然自大，即不免夜郎之诮矣。

　　读诸子者，固不为研习文辞。然诸子之文，各有其面貌性情，彼此不能相假，亦实为中国文学，立极于前。留心文学者，于此加以钻研，固胜徒读集部之书者甚远（中国文学，根底皆在经、史、子中。近人言文学者，多徒知读集，实为舍本而求末，故用力多而成功少。予别有论）。即非专治文学者，循览讽诵，亦足以祛除鄙俗，涵养性灵。文学者，美术之一。爱美之心，人所同具；即不能谓文学之美，必专门家乃能知之，普通人不能领略也。诸子之文，既非出于一手，并非成于一时。必如世俗论文者之言，谓某子之文如何，固近于凿；然其大较亦有可言者。大约儒家之文，最为中和纯粹。今荀子虽称为儒，其学实与法家近；其文亦近法家。欲求儒家诸子之文，莫如于《小戴记》中求之；前已论及。道家黄老一派，文最古质。以其学多传之自古，其书亦非东周时人所撰也（见后）。《庄子》文最诙诡，以当时言语程度尚低，而其说理颇深，欲达之也难，不得不反覆曲譬也。法家文最严肃。名家之文，长于剖也难，不得不反覆曲譬也。名家之文，长于剖析；而法家论事刻核处，亦实能辨别毫芒。以名、法二家，学本相近也。《墨子》文最冗蔓；以其上说下教，多为愚俗人说法，故其文亦随之而浅近也（大约《墨子》之文，最近当时口语）。纵横家文最警快，而明于利害；《战国策》中，此等文字最多。诸子中亦时有之；说术亦诸家所共习也。杂家兼名、法，合儒、墨，其学本最疏通，故其文亦如之；《吕览》《淮南》实其巨擘。而《吕览》文较质实，《淮南》尤纵横驰骋，意无不尽，则时代之先后为之也。要之，言为心声，诸子之学，各有专门，故其文亦随之而异，固非有意为之。然其五光十色，各有独至之处，则后人虽竭力模仿，终不能逮其十一矣。以今语言之，则诸子之文，可谓"个性"最显著者；欲治文学者，诚不可不加之意也。

一、《老子》

道家之书，后世为神仙家所依托，固已全失其本真；即反诸魏、晋之初，谈玄者率以《老》《庄》并称，实亦已非其朔。若循其本，则《汉志》所谓道家者流，其学实当分二派：一切委心任运，乘化以待尽，此一派也。现存之书，《庄》《列》为其代表。秉要执本，清虚以自守，卑弱以自持，此一派也。现存之书，以《老子》为最古。此二派，其崇尚自然之力同，然一因自然力之伟大，以为人事皆无可为，遂一切放下；一则欲因任之以致治，善用之以求胜，其宗旨固自不同。夷考汉人之言，多以黄、老连称，罕以老、庄并举。按今《列子》书第一篇《天瑞》，引《黄帝书》二条，黄帝之言一条。第二篇为《黄帝篇》，引老聃之言一条。第六篇《力命》引老聃谓关尹之言一条，《黄帝书》一条。而《天瑞》篇所引《黄帝书》，有一条与今《老子》书同（"谷神不死，是谓玄牝；玄牝之门，是谓天地根。绵绵若存，用之不勤。"）。《列子》原未必可信，然十之七八，当系采古书纂辑而成，必非晋人杜撰。然则"黄老"者，乃古代学派之名；其学远托诸黄帝，而首传其说者，则老子也。今观《老子》书，文体甚古（全书多作三四言韵语，乃未有散文前之韵文。间有长句及散句，盖后来所加）。又全书之义，女权皆优于男权（按今《周易》首乾，而《殷易》先坤，见《礼记·礼运》"吾得坤乾焉"郑注，此亦吾国男女权递嬗之遗迹。然殷时女权，实已不盛。吾别有考。《老子》全书，皆称颂女权；可见其学必始于殷以前。托诸黄帝，固未必可信。然据《礼记·祭法》，严父配天，实始于禹，则夏时男权已盛；老子之学，必始五帝时矣。盖旧有此说，口耳相传，至老子乃诵出其文也）。书中无男女字，但称牝牡；亦可征其时代之早。近人如梁任公，以其书中有偏将军、上将军之名；又谓"师之所处，荆棘生焉，大兵之后，必有凶年"等语，似系见过长平等大战者，遂疑为战国时书。胡适之摘其"民之饥，以其上食税之多"，"天之道，损有余而补不足。人之道则不然，损不足以奉有余"等语，谓为反对东周后之横征暴敛，引《硕鼠》等诗为证，皆非也（偏将军、上将军等语，不足为《老子》书出战国后之证，前已辩之。"师之所处，荆棘生焉，大兵之后，必有凶年"，凡战事皆然，何必长平等大战？《老子》一书，皆发挥玄理之语，非对一时政治立言；又观其文体之古，即知其书非出周代，亦不得引风诗为证也）。

《老子》全书之旨，可以两言括之：（1）曰治国主于无为，（2）曰求胜敌当以卑弱自处而已。吾国古代哲学，近于机械论，前已言之。既近机械论，则视一切社会现象，皆有自然之律，运行乎其间，毫厘不得差忒，与研究自然科学者之视自然现象同。彼其视自然之力，至大而不可抗也，故只有随顺，断无可违逆之，使如吾意之理。欲违逆之使如吾意，即所谓"有为"；一切随顺天然之律，而不参以私意，则即所谓"无为"也。凡治事者，最贵发见自然之律而遵守之。而不然者，姑无论其事不能成；即使幸成焉，其反动之力，亦必愈大。此老子所以主张治国以无为为尚也。至其求胜敌之术，所以主于卑弱者，则因其以自然力之运行为循环之故（所谓"道之动曰反"也）。自然力之运行，既为循环，则盛之后必继以衰，强之后必流于弱，乃无可逃之公例。故莫如先以卑弱自处。此皆老子应事之术也。至其空谈原理之语，宗旨亦相一贯；盖所谓治国当主无为，胜敌必居卑弱者，不外遵守天然之律而已。古代哲学之宇宙论，以为万物同出一原，前文亦已言及；万物同出一原，则现象虽殊，原理自一。此形形色色之现象，老子喻之以"器"；而未成万物前之原质，则老子喻之以"朴"。其曰"朴散而为器"者，犹曰原质分而为万物耳。夫同一原质，断未有不循同一定律者；至其散而为万物，则有难言者矣。《老子》一书，反复推阐，不外谓朴散为器之后，仍当遵守最初之原理。其曰"见素"，欲见此也；其曰"抱朴"，欲抱此也；其曰"守中"，以此为中也；其曰"抱一"，以此为一也。又其言曰："有无相生，难易相成，长短相较，高下相倾。"又曰："天下皆知美之为美，斯恶矣；皆知善之为善，斯不善矣。"欲举天下对待之境，一扫而空之。亦以此等相对之名，皆"朴散为器"而始有；返诸其初，则只浑然之一境也。此其"绝圣弃智"，"圣人不死，大盗不止"之说所由来，而亦庄周"齐物"之理所由立。百家之学，其流异，其原固无不同；然其流既异，即不得因其原之同，而泯其派别也。

　　《老子》全书之宗旨如此；由前总论所述，已可见之。然《老子》书解者最多，而其附会曲说亦最甚；故不惮词费，更申言之。要之古书中语，具体者多，抽象者少。此自言语巧拙，今古不同使然。读书固贵以意逆志，不可以词害意。世之误解《老子》者，多由泥其字面，误取譬之词，为敷陈之论，有以致之也（又古书中"自然"字，"然"字当作"成"字解，不当作"如此"解。如《老子》"功成事遂，万物皆谓我自然"、《淮南子·原道训》"万物固以自然，圣人又何事焉"是也）。

《老子》书注者极多，最通行者，为河上公注、王弼注、吴澄注三种。河上公注为伪物，前人已言之。王弼注刻本虽晚出，然陆德明《经典释文》，为作音训；又《列子》引《黄帝书》一条，与《老子》同者，张湛即引弼注注之，皆与今本相符，可证其非伪物。吴澄注多以释理与道家言相证，虽非本旨，亦尚无金丹黄白、如涂涂附之谈。予谓《老子》书并不难解，读者苟具哲学常识（凡研究中国古哲学及佛书者，必须先有现在哲学常识。此层最为紧要。否则研究中国哲学者，易致貌似玄妙，而实无标准；研究佛学者，更易流于迷信），即不看注，义亦可通；而一看注，则有时反至茫昧。初学读此书，可但涵咏本文，求其义理；诸家之注，一览已足，不必深求也。

欲求《老子》之义于本文，姚鼐《老子章义》却可一览。《老子》原书，本无道经、德经之分，分章更系诸家随意所为；读者但当涵咏本文，自求条理，若一拘泥前人章句，则又滋纠纷矣。姚氏此书，即以前人分章为不然，以意重定；虽不必执其所定者为准，然其法自可用也。

古书"经""传"恒相辅而行，大抵文少而整齐有韵者为"经"，议论纵横者为"传"。盖经为历世相传、简要精当之语，"寡其辞，协其音"，所以便诵读；而传则习其学者发挥经意之书也。《老子》书理精词简，一望而可知为经；其学之传授既古，后学之发挥其义者自多。据《汉志》，道家有《老子邻氏经传》四篇，《老子傅氏经说》三十七篇，《老子徐氏经说》六篇，刘向《说老子》四篇，盖皆《老子》之传。惜其书皆不传。然解释《老子》之词，散见于诸子中者仍不少。近人长沙杨树达，尝汇辑之而成《老子古义》一书（中华书局出版），极可看。焦竑《老子翼》三卷，辑韩非以下解《老子》者六十四家，采掇可谓极博，然亦宋以后说为多，初学可暂缓。

二、《庄子》

《庄子》与《老子》，同属道家，而学术宗旨实异，前已言之。《庄子》之旨，主于委心任运，颇近颓废自甘；然其说理实极精深。中国哲学，偏重应用，而轻纯理；固以此免欧洲、印度哲学不周人用之诮，而亦以此乏究极玄眇（miǎo）之观。先秦诸子中，善言名理，有今纯理哲学之意者，则莫《庄子》若矣（《列子》宗旨与《庄子》大同。然其书似出后人纂辑，不免羼杂；精义亦不逮《庄子》之多。又据《庄子》末篇，则惠施之学，颇与庄子相近。然惠施学说，除此以外，无可考见；他书引惠子事，多无关哲理，如今《庄子》之有《说剑篇》耳）。章太炎于先秦诸子中，最服膺《庄子》，良有由也。

今《庄子》书，分内篇、外篇及杂篇。昔人多重内篇，然外篇实亦精绝，唯杂篇中有数篇无谓耳。分见后。

《庄子》注以郭象为最古，《世说新语》谓其窃诸向秀，据后人所考校，诚然（可参看《四库书目提要》）。此注与《列子》张湛注，皆善言名理（似尚胜王弼之《易注》及《老子注》）；兼可考见魏、晋人之哲学，实可宝也。《四库》所著录者，有宋褚伯秀《南华真经义海纂微》一百六卷。纂郭象、吕惠卿、林疑独、陈祥道、陈景元、王云、刘概、吴俦、赵以夫、林希逸、李士表、王旦、范元应十三家之说。《提要》谓宋以前解《庄子》者，梗概略具于是。又焦竑《庄子翼》八卷，体例与其《老子翼》同；虽《提要》议其不如彼书之精，然亦多存旧说也。近人注释，有郭庆藩《庄子集释》、王先谦《庄子集解》。郭氏书兼载郭象注及唐成玄英疏，更集众说，加以疏释，颇为详备；王氏书较郭氏为略，盖其书成于郭氏之后，不取重复，故但说明大意而止也。

《逍遥游》第一　此篇借物之大小不同，以明当境各足之义。盖世间之境，贫富贵贱，智愚勇怯，一若两端相对者然；语其苦乐，实亦相同。然世多以彼羡此，故借大小一端，以明各当其分；大者不必有余，小者不必不足，郭注所谓"以绝羡欲之累"也。"列子御风而行"一段，为《庄子》所谓逍遥者，其义主于"无待"。夫世间之物，无不两端相对待者，欲求无待，非超乎此世界之外不可，则其说更进矣。此篇文极诙诡，然须知诸子皆非有意为文。其所以看似诙诡者，以当时言语程度尚低，抽象之词已少；专供哲学用之语，更几于绝无；欲说高深之理，必须取譬于实事实物；而眼前事物，欲以说明高深之理极难，故不得不如是也。此等处宜探其意而弗泥其辞；苟能心知其意，自觉其言虽诙诡，而其所说之理，实与普通哲学家所说者无殊矣。至于世俗评文之家，竟谓诸子有意于文字求奇，其说更不足论。此凡读古书皆然。然《庄子》书为后人穿凿附会最甚，故于此发其凡（此篇引《齐谐》之言。所谓《齐谐》者，盖诚古志怪之书，而作此篇者引之。不然，初不必既撰寓言，又伪造一书名，而以其寓言托之也。然则此篇中诙诡之语，尚未必撰此篇者所自造；有意于文字求奇之说，不攻自破矣）。

《齐物论》第二　"论"与"伦"古字相通。伦者类也，物必各有不同，然后可分为若干类，故"伦"字有"不同"之义（犹今人各种东西之"种"字耳）。此篇极言世界上物，虽形形色色，各有不同，然其实仍系一物。盖"彼出于是，是亦因彼"，去彼则此之名不存，去此则彼之名亦不立。又宇宙之间，变化不已，此物可化为彼，彼物亦可变为此。此足见分别彼此，多立名目者，乃愚俗人之见矣。此篇宗旨，在"天地与我并生，万物与我为一"十二字。惠施"泛爱天地，万物一体"之说（见《天下篇》），亦由此理而出。实仍本于古代哲学，宇宙万物皆同一原质所成之观念也；亦可见先秦诸子之学，同出一原矣。

《养生主》第三　此篇言做事必顺天理，以庖丁解牛为喻。天者自然，理者条理；随顺天理，即随顺自然之条理也。人能知此理，则能安时处顺，使哀乐不入，而可以养生。

《人间世》第四　此篇言处世之道，贵于虚己。所谓"虚己"者，即无我之谓也；人而能无我，则物莫能害矣（物兼人为之事，及自然之力言）。

《德充符》第五　此篇举兀者等事，见无我者之为人所悦，是为德充之符。

《大宗师》第六　郭注云："虽天地之大，万物之富，其所宗而师者无心也。"此篇盖发挥哲学中之机械论，夫举全宇宙而为一大机械，则人处其间，只有委心任运而已。故曰"天地大炉，造化大冶，唯所陶铸，无乎不可"也。

《应帝王》第七（以上内篇） 此篇言应世之术，贵乎无所容心。其言曰"至人之用心若镜，不将不迎，应而不藏"，乃全篇之宗旨也。盖言无我则能因物付物，是为应世之术。

《骈拇》第八 此篇言仁义非人性。伯夷、盗跖虽善恶不同，而其为失本性则均，齐是非之论也。

《马蹄》第九 此篇言伯乐失马之性，圣人毁道德以为仁义，与上篇宗旨意同。

《胠箧（qiè）》第十 此篇言善恶不唯其名唯其实，因欲止世之为恶者，而分别善恶，为恶者即能并善之名而窃之；夫善之名而为为恶者所窃，则世俗之所谓善者不足为善，恶者不足为恶，审矣。乃极彻底之论也。

《在宥》第十一 此篇言以无为为治，而后物各得其性命之情。戒干涉、主放任之论也（性命二字之义见前）。

《天地》第十二 此篇为古代哲学中之宇宙论，极要。

《天道》第十三 此篇由哲学中之宇宙论，而推论治天下之道，见道德名法皆相一贯而归本于无为。

《天运》第十四 此篇言仁义等之不足尚。

《刻意》第十五 此篇言虚无无为之贵。

《缮性》第十六 此篇言心之所欲，多非本真，故戒去"性"而从心，当反情性而复其初。

《秋水》第十七 此篇首设河伯、海若问答，亦齐物之旨。"夔

怜蚿（xián）"一节，言人当任天而动。"孔子畏于匡"一节，言穷
通由于时命，非人所能为。"庄子与惠子游濠（háo）梁"一节，言
名学之理颇深。唯"庄子钓于濮水""惠子相梁"两节粗浅。

《至乐》第十八　此篇言"无为为至乐，至乐者无乐"，因极言
生死之同。"种有几"一段亦此义（郭注：有变化而无死生也）。近
人以牵合生物学，似非也。

《达生》第十九　此篇言生之来不能却，其去不可止；能遗世则
为善养生。亦委心任运之论。

《山木》第二十　此篇言人之处世，材不材皆足婴患，唯乘道德
而游者不然。所谓乘道德者，虚己之谓也，虚己则无计较利害之心；
无计较利害之心，则物莫之能累矣。亦《人间世》《德充符》两篇之
旨也。

《田子方》第二十一　此篇记孔子告颜回语，亦齐物之旨。老聃告
孔子语，推论生物之原，由于阴阳二力，亦古代哲学中之宇宙论也。

《知北游》第二十二（以上外篇）　此篇言"道"，亦古代哲学
中宇宙论也。其言"无无"之义，已颇涉认识论矣。

《庚桑楚》第二十三　此篇文颇艰深。其大意谓一切祸福，皆心
所造；故心无利害之念，则物自莫之能侵。所谓"寇莫大于阴阳（犹
今言自然力），无所逃于天地之间，非阴阳贼之，心自使之"；"身
若槁木，心若死灰，祸亦不至，福亦不来"也。其云"万物出乎无
有。有不能以有为有，必出乎无有；而无有一无有。圣人藏于是"，
阐无有之理尤精（此言一切万物，彼不能为此之原因，此亦不能为彼
之原因）。乃道家虚无无为之旨所从出也。

《徐无鬼》第二十四　此篇亦言为仁义，则必流于不仁义；道家所以贵道德而贱仁义者由此。末段亦涉及古代哲学中之宇宙论，文颇难解。

《则阳》第二十五　此篇亦言为仁义则必流于不仁不义，兼涉及宇宙论，与上篇同。篇末"莫为""或使"之辩，即哲学中"有神""无神"之争也。其论犯罪者非其罪一节，尤有合于社会主义。

《外物》第二十六　此篇为杂论。

《寓言》第二十七　此篇亦杂论，有与他篇重复处。

《让王》第二十八　此篇杂记让国之事，言唯轻天下重一身者，乃足以治天下。词意似浅。然道家所谓"养生"，其意实谓必如此之人，乃足以治天下，而非徒宝爱其身，欲求全其性命。即此可见此义道家屡及之，如《吕览·贵生》《淮南·精神训/诠言训》是。神仙家之窃取附会，而自托于道家者，其失不待辩而自明矣。

《盗跖》第二十九　此篇言君子小人，名异实同，莫如恣睢而求目前之乐。与《列子·杨朱篇》同义。其言富者之苦乐一节，颇可考见古代社会生计情形。

《说剑》第三十　此篇记庄子说止赵文王好剑之事，意义浅薄，与《庄子》全书，了无关涉。且此事散见他书者甚多，所属之人亦各异。凡古代传说之事，固多如此。盖此事相传，一说以属庄子，故编《庄子》书者，遂以之辑入为一篇也。

《渔父》第三十一　此篇亦浅薄。

《列御寇》第三十二　此篇亦浅薄，而间有精论。

《天下》第三十三　此篇盖《庄子》之自叙，前总论，后分列诸家，可考见古代学术源流。论古代学术源流者，以《庄子》此篇、

《淮南·要略》《太史公自序》《汉书·艺文志》四篇为最有条理，而四篇又各有胜处。《汉志》推论诸家之学所自出，可见其各有所本；《庄子》此篇，则言道术始合而后分，可见诸家之学，虽各有所本，而仍同出一原（同出一原，谓其同根据于古代之哲学；各有所本，则言其以一种哲学，而推衍之于各方面），其义相反而相成；《淮南》论诸子之学，皆起于救时之弊，有某种弊即有某种学，如方药然，各有主治即各有用处；而《太史公自序》，则言诸家之学，各有所长，亦各有所短，其义亦相反而相成也。

三、《列子》

此书前列张湛《序》，述得书源流，殊不可信。而云"所明往往与佛经相参，大同归于老、庄"；"属辞引类，特与《庄子》相似；庄子、慎到、韩非、尸子、淮南子，玄示指归，多称其言"，则不啻自写供招。佛经初入中国时，原有以其言与老、庄相参者；一以为同，一以为异，两派颇有争论。湛盖亦以佛与老、庄之道为可通，乃伪造此书，以通两者之邮也。其云庄子、慎到等多称其言，盖即湛造此书时所取材。汪继培谓"后人依采诸子而稍附益之"，最得其实。然此固不独《列子》。凡先秦诸子，大都不自著书；其书皆后人采缀而成；采缀时，岂能略无附益？特其书出有早晚耳。故此书中除思想与佛经相同，非中国所固有者外，仍可认为古书也（篇首刘向校语，更不可信。凡古书刘向序，大都伪物。姚姬传唯信《战国策》序为真，予则并此而疑之）。

注《庄子》书者甚多，《列子》则唯张湛一注，孤行于世。唐殷敬顺就张湛注作释文，本各为书；元、明以来刻本，皆以释文入注，二者遂混淆不辨。清汪继培得影宋抄本，又录释文单行本于《道藏》，据以参校，二者始各还其旧；此外参校之本尚多，实此书最善之本也。又有唐卢重元注，《唐书·艺文志》以下，皆不著录，郑樵《通志》始及之。书有陈景元序，谓得之徐灵府。清秦恩复得之金陵道院，重刻之。然今所传《文子缵（zuǎn）义》，亦出徐灵府，其书殊不可信，则此书恐亦非唐时物也。

此书大旨与《庄子》相类。精义不逮《庄子》之多，而其文较《庄子》易解，殊足与《庄子》相参证（读《庄子》不能解者，先读此书最好）。其陈义有视前人为有进者，如《汤问篇》："汤问于夏革，曰：古初有物乎？夏革曰：古初无物，今恶得物？后之人将谓今无物，可乎？汤问曰：然则物无先后乎？夏革曰：物之终始，初无极已。始或为终，终或为始，恶知其纪？自物之外，自事之先，朕所不知也。"按古人论宇宙原始者，率以为有气而后有形，有形而后有质，皆宇宙论中语。此则明人能知有，不能知无——时间之起讫，空间之际限，实非人所能知；人之所知，实以认识所及为限——已深入认识论之堂奥矣。盖佛学输入后始有之义也。

《天瑞》第一　此书为《列子》之宇宙论，与他古书所述大同，而文最明白易晓。

《黄帝》第二　此篇言气无彼我，彼我之分由形；任气而不牵于形，则与物为一；与物为一，则物莫能害。盖承上篇，言人所以自处之道也。

《周穆王》第三　此篇言造物与人之为"幻"无异，梦与觉无异，盖言真幻不别也；似亦已杂佛学之理矣（《庄子》物化之说，虽亦已起其端，然言之不如此篇之透彻）。西极化人，即西域眩人，乃汉时事。《穆天子传》及《山海经》中涉及西域者，后人以其地理多合，信为古书；不知其正西域地理既明后，伪造之作也。观此篇所取材，而知其为魏、晋间物矣。

《仲尼》第四　此篇总旨，在"忘情任理"四字。"中山公子牟"一节，述公孙龙之学，颇有条理。其说必有所本，注文亦极明了，可宝也（今《公孙龙子》殊不易读）。

《汤问》第五　此篇言空时间皆不可知。又言人所不知之事甚多，不可据其所知，以疑其所不知；乃极精之认识论也。

《力命》第六　此篇言力不胜命，今哲学中所谓定命论；又言凡事皆出于不得不然，今哲学中所谓机械论也。

《杨朱》第七　此篇为厌世之义。杨朱之学，除《孟子》称其"为我"外，他无可考；此书何从独有之？可知其伪。

《说符》第八　此篇言因果有必至之符，亦机械论。又言有术者或不能行，行之者不必有术；视学问事功，判然二物。又言人与物徒以智力相制，迭相食，见无所谓福善祸淫等天理，其理亦皆与机械论相通也。

四、《荀子》

儒家孟、荀并称，然《荀子》书予极疑之。予疑《荀子》书，自读其"非象刑"之论始。盖儒家论刑，止有二义：（1）曰五刑，是为肉刑，见《书·吕刑篇》；（2）曰象刑，见《尧典》（今本分为《舜典》。象刑之说，见《书大传》，谓不残贼人之肢体，徒僇辱之而已。汉文《废肉刑诏》："盖闻有虞氏之时，画衣冠、异章服以为戮而民弗犯。"即今文《书》说也）。皆《书》说也。"非象刑"之论，与儒家之尚德化，根本不相容。及读《汉书·刑法志》，《荀子》之论具在，乃恍然有悟。盖汉时地方豪族，以及游侠之士（汉时去封建近，此等乃前此贵族及武士之遗也），势力极大，上捍国法，下凌小民，狱犴（àn）不平。职是之故，仁人君子，蒿目时艰，乃欲以峻法严刑，裁抑一切。此自救时之论，有激而云，而实行之者则王莽也。夫莽固事事托之于古者也，然则非象刑之论，盖亦不知何人所造，而托之荀子者矣。本此以推，则见其"性恶"之论，"法后王"之言，亦皆与儒家之义，不能并立。其论礼也，谓"人生不能无群，群而无分则争，争则乱，乱则离，离则弱，弱则不能胜物"（见《王制篇》），亦法家论法之语也。夫如后世之论，则诸经皆出荀卿（汪中《荀卿子通论》。按此篇所引诸经传源流，多不可信。董仲舒作书美荀卿，说出今所传《荀子》刘向叙；他无征验。此序之伪，亦显而易见也），今姑不必深求。但使战国之末，儒家大师荀卿，其议论果如今《荀子》书所云，则在儒家中实为异军苍头；安得历先汉二百年，迄无祖述之书，亦无反驳之论哉？今《荀子》书同《韩诗外传》《二戴记》《说苑》《新序》处最多，亦有同《书大传》《春秋繁露》《公羊》《穀梁》《左氏》《国语》《楚辞》《礼纬》《诗毛氏传》《孔子家语》者；又有同《管》《韩》《庄》《列》诸子、

《晏子春秋》、《淮南王书》者。夫其同《说苑》《新序》，诚可诿为刘向校书中秘，已见是书。《大戴记》晚出，无传授，昔人即不之信；《小戴记》亦今古文杂；《穀梁》《左氏》《毛诗》皆晚出，姑勿论。其同《韩诗外传》《书大传》《公羊》《繁露》，何说之辞？谓诸儒袭《荀子》，则诸儒早见《荀子》书矣，何待刘向？谓其各不相袭，所本者同，又无解于《荀子》书中，与儒家持义根本不相容之处，他家皆无此论也。然则《荀子》者，乃较早出之《孔子家语》耳。其与诸书同处，正足证其书由抄袭而成；而较《荀子》晚出之书，则又转袭《荀子》者也。予之臆见如此，当否诚不敢自信。至于《荀子》之书当读，则初不因其真伪而异；因其书有甚精处，要必为先秦之传，固不必问其集自何人，题为何子也。

《荀子》书多精论，然颇凌杂无条理，今为料拣之。按《荀子》书宗旨，荦荦大者，凡有八端：曰"法后王"，见《不苟》《非相》《儒效》《王制》诸篇；曰主人治，见《王制》《君道》《致士》诸篇；曰"群必有分"，见《王制》《富国》诸篇；曰阶级不能无，见《荣辱》《富国》诸篇；曰"性恶"，见《荣辱》《性恶》诸篇；曰"法自然"，见《天论》《解蔽》诸篇；曰正名，见《正名》篇。此外攻击儒、墨、名、法与权谋诸家之语，散见《非十二子》《儒效》《王霸》《君道》《议兵》《强国》《正论》《乐论》诸篇。要之《荀子》书于诸家皆有诘难；语其宗旨，实与法家最近，而又蒙儒家之面目者也。全书中最精者，为《天论》《正论》《解蔽》《正名》四篇。

《荀子》书，《汉志》三十二篇（今《汉志》作三十三，乃误字）。隋、唐《志》皆十二卷。唐杨倞（jìng）为之注，分为二十卷，于篇第颇有升降。今世通行者，为嘉善谢氏刻本，其校勘实出卢文弨。又有宋台州刻本，黎庶昌得之日本，刻入《古逸丛书》中。王先谦更取王念孙、俞樾诸家校释，又以台州本及卢氏取之未尽之虞、王合校本，与谢本相校，成《荀子集解》一书，采撷颇备，甚便观览。

《劝学》第一　《修身》第二　《不苟》第三　以上三篇，皆儒家通常之论。《不苟》篇"君子养心莫善于诚"一节，义与《礼记·中庸》篇通。又"君子位尊而志恭"一节，论"法后王"之义。

《荣辱》第四　此篇义亦主于修为，与前数篇同。"凡人有所一同"一节，谓人之行为，为生理所限，而生理受制于自然律，实性恶之说所本也。

《非相》第五　此篇只首节非相，盖以首节之义名篇也。与《论衡·看相》等篇参看，可见古者对于相人之术，迷信颇甚。

《非十二子》第六　此篇亦见《韩诗外传》，而止十子，无子思、孟轲。《荀子书》吾颇疑其为西汉末人所集。然其所取资，固不能尽伪（凡古伪书皆然）。墨子学于孔子，说似不诬（见后）。今其书《非儒》《公孟》《耕柱》诸篇，攻击儒家最烈。其中固有由宗旨不同处，然讥儒者贪于饮食，惰于作务，徒古其服及言而实无可取；颇与此篇所攻子张氏、子夏氏之贱儒合。此不得谓非儒者之病。盖儒者固自有其真，然徒党既多，不能无徒窃其名而无其实者。《礼记·儒行》记孔子之言曰："今众人之命儒也妄常，以儒相诟病。"篇末又记哀公闻孔子之言，"终没吾世，不敢以儒为戏"。则当时耳儒之名而不知其义，以儒相诟病、以儒为戏者甚多；皆"贪于饮食，饰其衣冠"之贱儒，有以自取之也。颇疑此篇中攻子思、孟轲之语，为后人所造（详见鄙著《辨梁任公阴阳五行说之来历》，见《东方杂志》第二十卷第二十号）；而其非子张、子夏氏之贱儒之语则真（但为先秦旧说耳，不必定出荀卿其人，且不必定出儒家。此义亦前已及之矣）。

《仲尼》第七　此篇言"仲尼之门，五尺之竖子，羞称五霸"，与《春秋繁露·封胶西王篇》合（《汉书·董仲舒传》亦同）。是今文家义也。夫董子者，"正其义，不谋其利，明其道，不计其功"者也；而此篇下文论擅宠于万乘之国而无后患之术，几于鄙夫之谈，亦可见《荀子》书之杂矣。

《儒效》第八　此篇中有辟名家之论，亦及"法后王"之义。

《王制》第九　此篇中有述制度处，颇足与群经相考证。此外有论人治之语，有言"法后王"之义，又其言有群乃能胜物而群不可无分，则为法家重度数之意，可与下篇参看。

《富国》第十　此篇言群不可无分，有分为富国之道，辟墨子之徒以不足为患，陈义颇精。

《王霸》第十一　此篇斥权谋。"礼之所以正国也"一节，与《礼记·经解》篇同（《礼论篇》"取绳墨诚陈"云云亦然）。此数语法家论法，亦恒用之；亦可见《荀子》与法家相近也（《礼记》亦汉人集诸经之传及儒家诸子而成。见前）。

《君道》第十二　此篇言人治，辟权谋。此篇杨注亡。

《臣道》第十三　此篇为儒家通常之义。

《致士》第十四　此篇论人治数语，与《王制》篇复。"得众动天，美意延年。诚信如神，夸诞逐魂"十六字，文体及意义，并与上下文不相蒙；下文论刑赏及师术，亦与致士无涉。盖多他篇错简，或本篇本杂凑而成，而取其一端以名篇也。

《议兵》第十五　此篇论用兵之理极精。《韩诗外传》《新序》《史记·礼书》《汉书·刑法志》皆载之。

《强国》第十六　此篇亦通常之论。

《天论》第十七　此篇言"吉凶由人不由天。""事非人力所能为者，不以措意。""人当利用自然。""怪异不足畏。""合众事乃能求得公例，徒据一偏则不能得。"乃《荀子》书中最精之论也。此篇驳老子、慎到、墨翟、宋钘。

《正论》第十八　此篇皆诘难当时诸家之论。第一节即驳法家。然第二节论汤、武非篡，义不如《孟子》之精，而持论实与法家相近。第三节驳象刑，则弥与儒家反矣。要之此书虽驳法家，然其思想实与法家近也。篇末驳子宋子，颇可借考宋钘学说。

《礼论》第十九　此篇有精语。然大体与《大戴礼·礼三本》《史记·礼书》同（又有同《穀梁》及《礼记·经解》三年问处）。

《乐论》第二十　此篇同《礼记·乐记》，而多增入辟墨子语（《史记·礼书》亦同。按《史记》八书皆亡，盖后又取他书补之），可见《荀子》书中辟他家之语，有后来增入者。亦足为《非十二子》中辟子思、孟轲之语，为后人增入之一证也（又一段同《礼记·乡饮酒》义）。此篇注亦亡。

《解蔽》第二十一　此亦《荀子》书极精者，足与《天论》篇媲美。《伪古文尚书》"人心惟危，道心惟微，惟精惟一，允执厥中"

十六字，原出此篇。

《正名》第二十二　　此篇论名学哲学极精。

《性恶》第二十三　　按荀子"性恶"之论，为后人所訾。然此篇首句曰："人之性恶，其善者伪也。"杨注曰："伪，为也，矫也，矫其本性也。凡非天性而人作为之者，皆谓之伪。故伪字人旁为，亦会意字也。"则伪非伪饰，其义皦（jiǎo）然。《礼论》篇："故曰：性者，本始材朴也；伪者，文礼隆盛也。无性则伪之无所加，无伪则性不能自美。"《正名》篇："心虑而能为之动，谓之伪；虑积焉、能习焉而后成，谓之伪。"尤不啻自下界说。以为真伪之伪，而妄肆诋諆，真不必复辩矣（"为"之本义为母猴。盖动物之举动，有出于有意者，有不待加意者。其不待加意者，则今心理学家所谓"本能"也；其必待加意者，则《荀子》书所谓"心虑而能为之动，虑积焉、能习焉而后成"，杨注所谓"非天性而人作为之"者也。动物举动，多出本能。唯猿猴知识最高，出乎本能以外之行动最多，故名母猴曰"为"。其后遂以为人之非本能之动作之称。故"为"字之本义，本指有意之行动言之，既不该本能之动作，亦不涵伪饰之意也。古用字但主声，为、伪初无区别。其后名母猴曰"为"之语亡，"为"为母猴之义亦隐，乃以"为"为"作为"之为，"伪"为"伪饰"之伪。此自用字后起之分别，及字义之迁变尔。若拘六书之例言之，则既有伪字之后，非为伪饰，皆当作伪，其作为者，乃传形成声耳）。然性恶之论，究与法家相近，而非儒家尚德化之义，则亦不容曲辨也。此篇本二十六，杨升。

《君子》第二十四　　此篇言人君之事，无甚精义。本第三十一，杨升。

《成相》第二十五　此篇大体多以三七言成文。俞樾谓"相"即《礼记·曲礼》"邻有丧，舂不相"之相，为古人乐曲之名，盖是也。《汉志》赋分四家，《成相杂辞》十一篇，与《隐书》并附于杂赋之末。此篇盖即所谓成相。而下《赋篇》，每先云"爰有大物""有物于此"，极陈其物，然后举其名，盖即所谓隐书矣。或谓后世弹词文体，实出《成相》。此篇本第二十八，杨升。

《赋篇》第二十六　此篇之体，颇类《汉志》所谓隐书，已见前。然《汉志》亦有《孙卿赋》，不知其究谁指也。"天下不治，请陈佹（guǐ）诗"一节，文体与前不同。然末节文体与此同，《战国策·楚策》载之，亦谓之赋。盖"不歌而诵"，则皆谓之赋也。此篇本第二十二，杨降。

《大略》第二十七　此篇杂，杨云"弟子杂录荀卿之语"。按以下诸篇，多与他传记诸子同。

《宥坐》第二十八　《子道》第二十九　《法行》第三十　《哀公》第三十一　《尧问》第三十二　杨云："此以下皆荀卿及弟子所引记传杂事，故总推之于末。"《尧问》篇末一段，为他人论荀子之语，杨云："荀卿弟子之辞。"

五、《晏子春秋》

此书《汉志》八篇。《史记正义》引《七略》及隋、唐《志》皆七卷，盖后人以篇为卷，又合杂上下为一篇。《崇文总目》作十四卷，则每卷又析为二也。其书与经子文辞互异，足资参订处极多；历来传注，亦多称引，绝非伪书。《玉海》因《崇文总目》卷帙之增，谓后人采婴行事为书，故卷帙颇多于前，实为妄说，孙星衍已辨之矣。前代著录，皆入儒家。柳宗元始谓墨氏之徒为之，晁公武《读书志》《文献通考·经籍考》，遂皆入之墨家。今观全书，称引孔子之言甚多（卷一景公衣狐白裘章，卷二景公冬起大台之役章、景公嬖（bì）妾死章，卷五晋欲攻齐使人往观章、晏子居丧逊答家老章，皆引孔子之言，以为平论。卷三景公问欲善齐国之政章，则晏子对辞，称闻诸仲尼。卷五晏子使鲁，仲尼以为知礼，卷七仲尼称晏子行补三君而不有，亦皆称美晏子之言。又卷四曾子问不谏上不顾民以成行义者章，卷五曾子将行晏子送之以言章，皆引曾子之事。晏子居丧逊答家老章，亦称曾子以闻孔子。又卷四叔向问齐德哀子若何章，卷五崔庆劫将军大夫盟章、晏子饮景公酒章，卷七景公饮酒章，皆引《诗》），引墨子之言者仅两条（卷三景公问圣王其行若何章，卷五景公恶故人章）；诋毁孔子者，唯外篇不合经术者一至四四章耳。陈义亦多同儒家，而与墨异，以入墨家者非也。

　　全书皆记晏子行事，其文与《左氏》复者颇多。《左氏》之"君子曰"，究为何人之言，旧多异说。今观此书，引君子之言亦颇多（卷三庄公问威当世服天下章，卷五齐饥晏子因路寝之役以振民章、景公夜从晏子饮章、晏子之晋睹齐累越石父章，卷六景公欲更晏子宅章，下皆有"君子曰"。卷五景公使晏子予鲁地章，则曰："君子于鲁，而后知行廉辞地之可为重名也。"），则系当时史家记事体例如此。《左氏》与此书，所本相同，所谓"各往往捃（jùn）摭春秋之文以著书"也（《史记·十二诸侯年表》）。然则《左氏》之"君子曰"，与经义无涉，概可见矣。

此书以孙星衍校本为最便。吴骞（zī）覆刻元本，前都有凡，每篇有章次题目，外篇每章有定著之故；足以考见旧式，亦可贵也。

六、《墨子》

墨家宗旨，曰尚贤，曰尚同，曰兼爱，曰天志，曰非攻，曰节用，曰节葬，曰明鬼，曰非乐，曰非命。今其书除各本篇外，《法仪》则论天志；《七患》《辞过》，为节用之说；《三辨》亦论非乐；《公输》阐非攻之旨；《耕柱》《贵义》《鲁问》三篇，皆杂记墨子之言。此外《经》上下、《经说》上下、《大/小取》六篇为名家言，今所谓论理学也。《备城门》以下诸篇，为古兵家言。墨翟非攻而主守，此其守御之术也。《非儒》《公孟》两篇，专诘难儒家，而《修身》《亲士》《所染》三篇，实为儒家言（《修身》《亲士》二篇，与《大戴礼·曾子立事》相表里，《所染》与《吕氏春秋·当染》篇同。《吕氏春秋》亦多儒家言）。因有疑其非《墨子》书者。予按《淮南·要略》，谓"墨子学儒者之业，受孔子之术，以为其礼烦扰而不悦，厚葬靡财而贫民，服伤而害事，故背周道而用夏政"，其说实为可据（见《辨梁任公阴阳五行说之来历》。又按《墨子书·七患》引《周书》之解，实当作《夏箴》，见孙氏《闲诂》，又《公孟篇》墨子距公孟之辞曰："子法周而未法夏也。"并墨子用夏道之证）。今《墨子书》引《诗》《书》之辞最多（予昔尝辑之，然但及其引《诗》《书》之文，及其本文确为佚《诗》、佚《书》者，其与今文家经说同处，未能编辑，故尚未能写定）。百家中唯儒家最重法古，故孔子之作六经，虽义取创制，而仍以古书为据。《墨子》多引《诗》《书》，既为他家所无；而其所引，又皆与儒家之说不背，即可知其学之本出于儒。或谓墨之非儒，谓其学"累世莫殚，穷年莫究"，安得躬道之而躬自蹈之？殊不知墨之非儒，仅以与其宗旨相背者为限（见下），此外则未尝不同。且理固有必不能异者。《公孟篇》："子墨子与程子辩，称于孔子。程子曰：'非儒，何故称于孔子也？'子墨子曰：'是亦当而不可易者也。今鸟闻热旱之忧则高，鱼闻热旱之忧则下。当此，虽禹、汤为之谋，必不能易矣。翟曾无称于孔子乎？'"又《贵义篇》："子墨子南游使卫，载书甚多。弦唐子见而怪之，曰：'夫子教公尚过，曰："揣世直而已。"今夫子载书甚多，何也？'子墨子曰：'翟闻之，同归之物，信有误者，是以书多也。今若过之心者数逆于精微，同归之物，既已知其要矣，是以不教以书也。'"然则墨子之非读书，亦非夫读之而不知其要；又谓已知其要者，不必更读耳，非谓凡人皆不当读书也。其"三表"之说，即谓上本之古圣王之事，而安得不读书？其称引《诗》《书》，又何怪焉？然则墨子之学，初出于儒，后虽立异，而有其异仍有其同者存，此三篇亦未必非《墨子书》矣（墨学与他家特异之处，及其长短，已见前）。

墨家之书，《汉志》著录者，除《墨子》外，又有《尹佚》二篇，《田俅子》三篇，《我子》一篇，《随巢子》六篇，《胡非子》三篇。隋、唐《志》仅存《墨子》《随巢子》《胡非子》（《旧唐志》无《随巢子》），《宋志》则仅存《墨子》矣。《通志·艺文略》，《墨子》有《乐台注》，《晋书·隐逸传》载鲁胜《星辩注叙》，今其书皆不传。墨子上说下教，文最浅俗，说本易通。徒以传授久绝，治其书者亦鲜；书中既多古言古字，又包名家、兵家、专门之言，遂至几不可读。清毕沅，始为之校注；其后治《墨子》者，亦有数家；孙诒让乃集其成，而成《墨子闲诂》，而其书始焕然大明。然名家言，在中国久成绝学；孙氏创通其说，缺憾犹多。近人得欧洲名学，以相印证，而其说又有进。梁启超《墨经校释》，胡适《中国哲学史大纲》上卷中涉墨学者，皆可读也。予所知又有张之锐《新考正墨经注》，刻于河南，惜未得读。《学衡杂志》载永嘉李氏笠《定本墨子闲诂校补序》，则似仅写定而未刊行也。

《亲士》第一　《修身》第二　《所染》第三　此三篇皆儒家言，已见前。《所染篇》上半与《吕氏春秋·当染篇》同，而下半绝异。或以其所引事多出墨子之后，疑其非《墨子书》；然某子之标题，本只以表明学派，非谓书即其人所著，则此等处正不足疑矣。

《法仪》第四　此篇为天志之说。

《七患》第五　此篇论节用之义，兼及守御。

《辞过》第六　孙云："此篇与《节用篇》文意略同。《群书治要》引并入《七患篇》，此疑后人妄分，非古也。"

《三辩》第七　此篇为非乐之说。篇中载程繁之问，与墨子之答，辞不相涉。今案此篇本有缺文，墨子答程繁之辞，盖亦有缺也。

《尚贤上》第八　《尚贤中》第九　《尚贤下》第十　凡《尚贤》《尚同》等篇，文字皆极累重。盖墨子上说下教，强聒不舍，故其辞质而不文也。

《尚同上》第十一 《尚同中》第十二 《尚同下》第十三 三篇相复重，中最详，上最略。以中、上二篇相校，显见上篇有缺。《尚同》以天为极则，说与《天志》相通。尚同之义，或有訾其近于专制者。然铲灭异论，固不可，而是非太无标准亦有害。战国时正值群言淆乱之际，所患者不在异论之不申，而在是非太无标准，令人无所适从；时势不同，未可以今人之见，议古人也。且彼固主选贤以为长矣，是尚同亦即同于贤者也，而又何訾焉？

《兼爱上》第十四 《兼爱中》第十五 《兼爱下》第十六 亦三篇相复重，而上篇最略。兼爱为墨家之根本义，读《墨子》书，当一切以是贯通之。

《非攻上》第十七 《非攻中》第十八 《非攻下》第十九 亦首篇最略，但言其不义；中、下篇则兼言其不利，且多引古事。

《节用上》第二十 《节用中》第二十一 《节用下》第二十二 上篇较略，中篇较详。兼有及节葬之语。下篇亡。篇中欲限民婚嫁之年以求庶；以人力为生财之本，因节用而兼及之也。

《节葬上》第二十三 《节葬中》第二十四 《节葬下》第二十五 上中皆缺。节葬之说，亦见《节用中》篇及《非儒》，宜参看。此篇言墨子所制葬法与禹同，亦墨子用夏道之证。

《天志上》第二十六 《天志中》第二十七 《天志下》第二十八 亦三篇相复重。以兼爱为天志而非攻；又云："无从下之政上，必从上之政下，夫为政于天子。"则其义又与《尚同》通也。

《明鬼上》第二十九 《明鬼中》第三十 《明鬼下》第三十一

上、中皆缺。论理并无足取，但引古事及夏、商、周之书以实之。按《论语》言"禹致孝乎鬼神"；据《礼记·祭法》，则严父配天，实始于禹；《汉志》谓墨家"宗祀严父，是以右鬼"，鬼者人鬼，明鬼盖亦夏教也。

《非乐上》第三十二　《非乐中》第三十三　《非乐下》第三十四　中、下皆缺。非乐之旨，太偏于实利；而其道大觳（hú），使人不堪；故多为诸家所难。

《非命上》第三十五　《非命中》第三十六　《非命下》第三十七　此篇谓言有三表。三表者，上本之古圣王之事，下察之百姓耳目之实，发为刑政，中百姓人民之利。今上篇之论，大致本之古圣王，中篇大致考之耳目之实，下篇则言为政也。然则其余分为三篇者，亦必有一区别；特今或偏亡，或编次混乱，遂不可见耳。非命之说，亦见《非儒》篇中，宜参看。

《非儒中》第三十八　《非儒下》第三十九　上篇亡。下篇所言：非其丧服及丧礼，以其违节葬之旨也；非其娶妻亲迎，以其尊妻侔（móu）于父，违尚同之义也；非其执有命，以神非命之说也；非其贪饮食、惰作务，以明贵俭之义也，非其循而不作，以与背周用夏之旨不合也；非其胜不逐奔，掩函弗射，以其不如非攻之论之彻底也；非其徒古其服及言；非其君子若钟，击之则鸣，弗击不鸣；以其无强聒不舍之风，背于贵义之旨也。盖墨之非儒如此，皆以与其宗旨不同者为限，原无害于其说之本出于儒矣。此外诋訾孔子之词，多涉诬妄，则诸子书述古事者类然；因其说出于传述，不能无误也。此诚不必皆墨子之言，亦不必遂非墨子之说。当时传其家之学者，或推衍师意而自立说；或祖述师言，存其意而易其辞，固不能一一分别。毕氏必辨为非墨子之言，殊可不必矣。非儒之论，亦见《耕柱》《公孟》二篇，宜参看。

《经上》第四十 　《经下》第四十一 　《经说上》第四十二 　《经说下》第四十三 　《大取》第四十四 　《小取》第四十五 　以上六篇，皆名家言。《经说》即释《经》者。鲁胜注《墨辩》叙谓《墨辩》有上下经，经各有说，凡四篇，盖即指此。《大/小取》之"取"，孙诒让谓即"取譬"之取，盖是。六篇唯《小取》篇较易解，余皆极难解，宜参看近人著述，已见前。

《耕柱》第四十六 　《贵义》第四十七 　此两篇皆杂记墨子之言，论明鬼、贵义、非攻、兼爱等事。又有难公孟子非儒之言，疑《公孟》篇简错也。

《公孟》第四十八 　此篇多非儒之论，皆墨子与公孟子，旗鼓相当，多与《非儒》复者。间有杂记墨子之言，与非儒无涉者。

《鲁问》第四十九 　此篇多非攻之论，亦及劝学、贵义、明鬼。

《公输》第五十 　此篇亦言非攻。

《□□篇》第五十一 　亡。

《备城门》第五十二 　《备高临》第五十三 　《□□》第五十四 《□□》第五十五 　《备梯》第五十六 　《□□》第五十七 　《备水》第五十八 　《□□》第五十九 　《□□》第六十 　《备突》第六十一 　《备穴》第六十二 　《备蛾傅》第六十三 　《□□》第六十四 　《□□》第六十五 　《□□》第六十六 　《□□》第六十七 《迎敌祠》第六十八 　《旗帜》第六十九 　《号令》第七十 　《杂

守》第七十一　自《备城门》至此，凡二十一篇。今亡五十一、五十四、五十五、五十七、五十九、六十、六十四、六十五、六十六、六十七，共十篇。诸篇皆专门家言，不易晓。读一过，就其可考者考之可也（凡读古书，遇不能解者，亦仍须读一过，不得跳过；以单词只义，亦有用处。且绝学复明，往往自一二语悟入也）。今《墨子》目录，为毕氏所定。孙氏据明吴宽抄本，以《备城门》为五十四，《备高临》为五十五，册末《吴氏手跋》云："本书七十一篇，其五十一之五十三、五十七、五十九之六十、六十四之六十七，篇目并缺"云云，是吴所据本，实如此也。

七、《公孙龙子》

正名之学，浅言之，本为人人所共知，亦为百家所同趋。盖欲善其事，必求名实相符；名实不符，事未有能善者。此固至浅之理，而亦不诤之论也。然深求之，则正有难言者。何者？名实之宜正为一事；吾之所谓名实者，果否真确，又为一事。前说固夫人所共喻，后说或皓首所难穷，使执正名之术以为治，而吾之所谓名实者，先自舛误，则南辕而北其辙矣。职是故，正名之学，遂分为二派：（1）但言正名之可以为治，而其所谓名实者，则不越乎常识之所知。此可称应用派，儒、法诸家是也。（2）则深求乎名实之源，以求吾之所谓名实者之不误，是为纯理一派，则名家之学是也。天下事语其浅者，恒为人人所共知；语其深者，则又为人人所共骇；此亦无可如何之事，故正名之理，虽为名家所共趋；而名家之学，又为诸家所共非。

孔穿谓"言臧两耳甚易而实是，言臧三耳甚难而实非"，司马谈谓名
家"专决于名而失人情"，皆以常识难学人也。夫学术至高深处，诚
若不能直接应用；然真理必自此而明；真理既明，而一切措施，乃
无谬误；此固不容以常人之浅见相难矣。今名家之书，传者极少。
《墨经》及《经说》，皆极简质，又经错乱，难读。此外，唯见《庄
子·天下》《列子·仲尼》两篇，亦东鳞西爪之谈。此书虽亦难通，
然既非若《墨经》之简奥，又非如《庄》《列》之零碎，实可宝也。
《汉志》十四篇，《唐志》三卷，今仅存六篇，盖已非完帙；《通
志》载陈嗣古、贾士隐两注，皆不传。今所传者，为宋谢希深注；全
系门外语，绝无足观。读者如欲深求，当先于论理学求深造；然后参
以名家之说散见他书者，熟读而深思之也。

《迹府》第一　此篇先总叙公孙龙之学术，次叙龙与孔穿辩难，
与《孔丛子》略同。俞樾曰："《楚辞·惜诵》注：'所履为迹，
迹与跡同。'下诸篇皆其言，独此篇是实学一事，故谓之迹。"府
者，聚也，言其事迹具此也。"（见《俞楼杂纂》）

《白马论》第二　此篇言白马非马，他书称引者最多。

《指物论》第三　此篇言"物莫非指，而指非指"。"指也者，
天下之所无也；物也者，天下之所有也。"按《庄子》"指穷于为。
薪，火传也，不知其尽也。"历来注家，皆不得确解。今按《淮
南·齐俗训》："至是之是无非，至非之非无是，此真是非也。若夫
是于此而非于彼，非于此而是于彼者，此之谓一是一非也。此一是
非，隅曲也；夫一是非，宇宙也"（言限于一时一地而言之，则是非
如此；通于异时异地而言之，则又不然）；《泛论训》："今世之

为武者则非文也，为文者则非武也；文武更相非，而不知时世之用也。此见隅曲之一指，而不知八极之广大也。故东向而望，不见西墙；南面而视，不睹北方；唯无所向者，则无所不通。"以"隅曲"诂"指"，与"宇宙"及"八极"对言；则"隅曲"当作一地方，"指"字当作一方向解。庄子"指穷于为"四字当断句，言方向迷于变化耳。此篇之"指"字，亦当如此解。言人之认识空间，乃凭借实物：天下只有实物，更无所谓空间；破常人实物自实物、空间自空间之谬想耳。

《通变论》第四　此篇言"二无一。""羊合牛非马，牛合羊非鸡。""青以白非黄，白以青非碧。"（"以"同"与"），盖言统类之名，均非实有。

《坚白论》第五　此篇谓"视得白无坚，拊得坚非白"，盖辨观念与感觉不同。

《名实论》第六　此篇述正名之旨，乃名学之用也。其言曰"天地与其所产，物也；物以物其所物而不过焉，实也；实以实其所实而不旷焉，位也；位其所位焉，正也。以其所正，正其所不正"云云，其说甚精。浅言之，则法家"综核名实"之治，儒家"名不正则言不顺，言不顺则事不成"之说；深言之，则"天地位，万物育"之理，亦寓乎其中已。故知诋名家为诡辩之学者，实诬词也。

八、《管子》

《管子》一书，最为难解，而亦最错杂。此书《汉志》列道家，

《隋志》列法家。今通观全书，自以道、法家言为最多；然亦多兵家、纵横家之言，又杂儒家及阴阳家之语；此外又有农家言（《轻重》诸篇论生计学理，大率重农抑商，盖亦农家者流也）。全书凡八十六篇，与《汉志》合，而亡其十。《四库提要》云："李善注陆机《猛虎行》曰：《江邃（suì）释》引《管子》云：'夫士怀耿介之心，不荫恶木之枝。恶木尚能耻之，况与恶人同处？'今检《管子》，近亡数篇，恐是亡篇之内，而邃见之，则唐初已非完本矣。"又曰："今考其文，大抵后人附会，多于仲之本书；其他姑无论。即仲卒于桓公之前，而篇中处处称桓公，其不出仲手，已无疑义矣。书中称《经言》者九篇，称《外言》者八篇，称《内言》者九篇，称《短语》者十九篇，称《区言》者五篇，称《杂篇》者十一篇，称《管子解》者五篇，称《管子轻重》者十九篇。意其中孰为手撰，孰为记其绪言，如语录之类；孰为述其逸事，如家传之类；孰为推其义旨，如笺疏之类，当时必有分别。观其五篇明题《管子解》者，可以类推。必由后人混而一之，致滋疑窦耳。"予按某子之标题，本只取表明其为某派学术，非谓书即其人所著（见前）。《管子》之非出仲手，可以勿论。古书存者，大抵出于丛残缀辑之余，原有分别，为后人所混，亦理所可有。然古代学术，多由口耳相传。一家之学，本未必有首尾完具之书。而此书错杂特甚，与其隶之道、法，毋宁称为杂家；则谓其必本有条理，亦尚未必然也。今此书《戒篇》有流连荒亡之语，与孟子述晏子之言同。又其书述制度多与《周官》合；制度非可虚造；即或著书者意存改革，不尽与故事相符，亦必有所原本。此书所述制度，固不能断为《管子》之旧，亦不能决其非原本《管子》。然则此书盖齐地学者之言，后人汇辑成书者耳。《法法》篇有"臣度之先王"云云，盖治此学者奏议，而后人直录之（《尹注》以"臣"为管子自称，恐非）。亦可见其杂也。此书多古字古言；又其述制度处颇多，不能以空言解释，故极难治。旧传《房玄龄注》，晁公武以为尹知章所记。《四库提要》云："《唐书·艺文志》，玄龄注《管子》不著录，而所载有尹知章注《管子》三十卷。则知章本未记名，殆后人以知章人微、玄龄名重，改题之以炫俗耳。"其注极浅陋（甚至并本书亦不相参校，以致误其句读，即随误文为释），前人已多议之。明刘绩有《补注》。今通行赵用贤校本，亦已择要列入。清人校释，除王念孙《读书杂志》、俞樾《诸子评议》外，又有洪颐煊《管子义证》、戴望《管子校正》、章炳麟《管子余义》三书，然不可通者尚多也。

《牧民》第一　《形势》第二　此两篇皆道、法家言（此书以道、法家言为主。凡属道、法家言者，以后即不复出），理精深而文简古，《形势》篇有解。

《权修》第三　此篇言用其民以致富强之术（此术谓之权）。

《立政》第四　此篇凡八目，多关涉制度之言。其中《九败》有解。《九败》辟兼爱寝兵之说，可知为战国时物。

《乘马》第五　此篇为《管子》书中言制度者。篇中备述度地建国、设官分职及赋民以业之法；可见古者立国之规模。而仍归其旨于无为，则道、法家言也。此篇难解。

《七法》第六　此篇为兵家言。"七法"及"四伤百匿"二目，言法为兵之本。"为兵之数"，言治兵之术。"沥陈"言用兵之术也。此篇但言胜一服百，而无兼并之谈，盖尚非战国时语。此篇亦难解。

《版法》第七　此篇言赏罚之道，亦难解。此篇有解。

《幼官》第八　《幼官图》第九（以上《经言》）　此两篇为阴阳家言。盖本只有图，后又写为书，故二篇相复。两篇皆难解。

《五辅》第十　此篇言王霸在人，得人莫如利之，利之莫如政。文明白易解，然仍简质。

《宙合》第十一　此篇先列举若干句，下乃具释之。按《管子》书中如此者多，盖经传别行之体；今其解释有在本篇之内者，有仍别行者。其仍别行者，如有解诸篇是也；即在本篇之内者，如此篇是也。此篇篇首诸语，盖一气相承，而以末句名其篇。注分为十三目，非也。此篇极精深而难解。其言"宙合有橐天地其义不传"云云，可见古哲学中之宇宙论。

《枢言》第十二　理精而文简质难解。

《八观》第十三　此篇言觇（chān）国之法。文极质朴，却不难解。

《法禁》第十四　此篇言法禁。其论法制不议，与李斯主张焚书之理颇同。种种防制大臣之术，亦必三家分晋、田氏篡齐之后，乃有是言，殆战国时物也。以下三篇，文皆朴茂，却不难解。

《重令》第十五　此篇言安国在尊君，尊君在行令，行令在严罚，说极武健严酷。按古言法术有别。言法者主商君，言术者宗申子（见《韩非子·定法篇》）。今《商君书》颇乏精义。法术家言之精者，皆在管、韩二家书中。如此篇等者，盖皆主商君之法家言也。

《法法》第十六　此篇颇杂。其言"斗士食于功，小人食于力"，即一民于农战之意。又云"令未布而民为之，不可赏罚"云云，则意与上篇同。又云"民未尝可与虑始，而可与乐成功"，则商君变法之意。盖亦主商君之法家言也。篇中两云："故《春秋》之记，有臣弑其君，子弑其父者。"又云："政者，正也；正也者，所以正定万物之命也。是故圣人精德立中以生正，明正以治国。"又云："巧者能生规矩，不能废规矩而正方圆。虽圣人能生法，不能废法而必治国。"又云："凡民从上也，不从口之所言，从情之所好，上之所好，民必甚焉。"又云："贤人之行其身也，忘其有名也；王主之行其道也，忘其成功也。"皆与儒家言相近。论废兵数语，与上下皆不贯，疑下篇错简。篇中有"臣度之先王者"云云，疑直最后人奏议（见前）。此篇盖杂凑而成也。

《兵法》第十七（以上《外言》）　此篇为兵家言，文极简质。

《大匡》第十八　《中匡》第十九　《小匡》第二十　此三篇皆记管子之事。其中《大匡》上半篇及《小匡》"宰孔赐胙"一段，与《左氏》大同，余皆战国人语，述史事多颇谬。盖传述管子之事者之辞。自《大匡》后半篇以下，其事大略一贯。大中小盖犹言上中下；因篇幅繁重，分为三篇耳。《注》释《大匡》曰"谓以大事匡君"，盖谬。此三篇述史事不甚可据；而《中/小匡》中关涉制度之处颇多，足资考证。

《王言》第二十一　亡。

《霸形》第二十二　此篇记管仲、隰（xí）朋说桓公之事，多与他篇复。其文则战国时之文也。《霸言》篇说理颇精，而此篇无甚精义；疑原文已亡，而后人以杂说补之也。

《霸言》第二十三　此篇多纵横家及兵家言，其文亦战国时之文。

《问》第二十四　此篇列举有国者所当考问之事，可见古者政治之精密。文亦简质。

《谋失》第二十五　亡。

《戒》第二十六（以上《内言》）　此篇与儒家言相似处最多。其文亦战国时之文也。

《地图》第二十七　《参患》第二十八　《制分》第二十九　此三篇皆兵家言。其文则战国时之文也（《参患》篇与晁错《言兵事书》多同，盖古兵家言而错引之）。

《君臣上》第三十　《君臣下》第三十一　此两篇言君臣之道，道、法家言为多，间有似儒家言处。其文亦战国时人之文。

《小称》第三十二　此篇论敬畏民嵒（yán）之理，文颇古质。末记管仲戒桓公勿用易牙、竖刁等事，与《戒》篇大同小异，与上文全不贯，盖亦他篇错简。

《四称》第三十三　此篇记桓公问有道无道之君及臣而管子对，文颇古质。

《正言》第三十四　亡。

《侈靡》第三十五　此篇极难解。且与侈靡有关之语少，而篇幅极长。盖亦杂凑而成也。末段章氏《管子余义》以为谶。

《心术上》第三十六　《心术下》第三十七　两篇皆言哲学，文颇简质。

《白心》第三十八 此篇亦言哲学，文简质难解。

《水地》第三十九 此篇文尚易解，语多荒怪；然颇有生物学家言，亦言古哲学者可宝之材料也。

《四时》第四十 《五行》第四十一 此两篇为阴阳家言。

《势》第四十二 此篇为道家言，文极简质。

《正》第四十三 此篇言道德法政刑相一贯之理。道家之精义也。

《九变》第四十四（以上《短语》） 此篇为兵家言，文尚易解。

《任法》第四十五 《明法》第四十六 《正世》第四十七 此三篇皆法家言，文皆明白易解。《明法》有解。

《治国》第四十八 此篇言重农贵粟之理，明白易解。

《内业》第四十九（以上《区言》） 此篇盖言治心之法，故曰内业，多道家言，偶有与儒家言类处，又似有杂神仙家言处。文简质难解。

《封禅》第五十 注云："元篇亡，今以司马迁《卦禅书》所载管子言补之。"

《小问》第五十一 此篇首节言兵，次节言牧民，此外皆记杂事；无甚精义，而颇涉怪迂。

《七臣七主》第五十二 《禁藏》第五十三 此两篇亦法家言，而甚杂。两篇各有一节为阴阳家言，与《幼官》《四时》《五行》相出入，盖亦他篇简错也。

《入国》第五十四 此篇言九惠之政，文甚明白。

《九守》第五十五 此篇言君人所当守。文简质，然易解。

《桓公问》第五十六 此篇言啧室之议，颇合重视舆论之意。文亦明白。

《度地》第五十七　此篇言建国之法，于治水最详。"冬作土功，夏多暴雨"云云，亦阴阳家言。先秦学术，虽不尚迷信；然哲学源出宗教，故各种学术，多与阴阳家言相杂也。

《地员》第五十八　此篇言地质及所宜之物，农家言也。专门之学，殊不易解。

《弟子职》第五十九　此篇记弟子事先生之礼，皆四言韵语。盖《曲礼》《少仪》之类，与《管子》书全无涉；亦可见《管子》书之杂也。此篇庄述祖有《集解》，别为单行本一卷。

《言昭》第六十　《修身》第六十一　《问霸》第六十二（以上《杂篇》）　《牧民解》第六十三　以上四篇皆亡。

《形势解》第六十四　《立政九败解》第六十五　《版法解》第六十六　《明法解》第六十七（以上《管子解》）　以上四篇为解与原文别行者，文皆明白易晓。尹注疑为韩非《解老》之类，吾谓《解老》亦未必韩非所作，盖《老子》书本有此传耳。

《臣乘马》第六十八　《乘马数》第六十九　《问乘马》第七十　《事语》第七十一　《海王》第七十二　《国蓄》第七十三　《山国轨》第七十四　《山权数》第七十五　《山至数》第七十六　《地数》第七十七　《揆度》第七十八　《国准》第七十九　《轻重甲》第八十　《轻重乙》第八十一　《轻重丙》第八十二　《轻重丁》第八十三　《轻重戊》第八十四　以上皆《管子》中所谓《轻重》之篇。其中亡第七十及八十二两篇。诸篇文字，大致明白，而亦间有难解处。所言皆生计学理，大致可分为三端：（1）畜藏敛散；

（2）盐铁山泽；（3）制民之产。盖法者正也，正之义必有取于平；而致民之不平，莫大贫富之悬隔。故法家欲以予夺贫富之权，操之于上。其言最与近世之所谓国家社会主义者近（此义未必可行于今，然不得以此议古人。盖今日之中国为大国，而古者则分为小邦；自汉以后，政治久取放任，而古代则习于干涉，国家之权力较大也）。此盖东周以后，井田之制大坏，私人所营工商之业勃兴，而后有之（吾国古代小国小部落并主，皆行共产之制。其后虽互相吞并，此制犹有存者。故有横征厚敛之暴君污吏，而无豪夺巧取之富人大贾。至春秋以后，其制乃大变。其说甚长，一时难遍疏举。欲知其略，可看《史记·货殖列传》及《汉书·食货志》）。观其所引之事，及于越、梁二国，即知其为战国时物矣。

《轻重己》第八十五（以上《管子·轻重》） 此篇以《轻重》名，而皆阴阳家言，盖误入"轻重"也。

九、《韩非子》

刑名法术，世每连称，不加分别，其实非也。刑名之"刑"，本当作"形"。形者，谓事物之实状，名则就事物之实状，加以称谓之谓也。凡言理者，名实相应则是，名实不相应则非；言治者名实相应则治，不相应则乱。就通常之言论，察其名实是否相应，以求知识之精确，是为名家之学。操是术以用诸政治，以综核名实，则法家之学也。故"形名"二字，实为名法家所共审；而"名法"二字，亦可连称。"法术"二字，自广义言之，法盖可以该术，故治是学者，但称法家。若分别言之，则仍各有其义：法者，所以治民；术者，所以治治民之人。言法者宗商君，言术者祖申子（见本书《定法》篇）。法家之学，世多以刻薄訾之。其实当东周之世，竞争既烈，求存其国，固不得不以严肃之法，整齐其民。且后世政治，放任既久，君主之威权，不能逮下，民俗亦日益浇漓。故往往法令滋章，则奸诈益甚；国家愈多所兴作，官吏亦愈可借以虐民。在古代国小民寡、风气醇朴之时，固不如是。天下无政治则已，既有政治，即不能无治人者与治于人者之分。然同是人也，治于人者固须治，岂得谓治人者，即皆自善而无待于治？今世界各国，莫不以治人者别成一阶级为患。其所谓利，上不与国合，下不与民同。行政官吏然，民选立法之议会，亦未尝不然。世界之纷扰，由于治于人者之蠢愚者，固不能免；出于治人者之狡诈昏愚、嗜利无耻者，殆有甚焉。术家之言，固犹不可不深长思也。《韩非》谓言法者宗商君，言术者祖申子。今《申子》书已不传。世所传《商君书》，虽未必伪，然偏激太甚，而精义顾少，远不逮《管》《韩》二书。道、法二家，关系最切。原本道德之论，《管子》最精；发挥法术之义，《韩非》尤切。二书实名、法家之大宗也。

《韩非书》，《汉志》五十五篇，《隋书·志》《新/旧唐书·志》《宋史·志》二十卷，皆与今本符。《唐志》有尹知章注，今亡。今所传注之何犿（fān），谓出李瓒（zàn），《太平御览》《事类赋》《初学记》诸书已引之，则其人当在宋前；然其注颇不备，且有舛误。何犿本刻于元至元三年，明赵用贤以宋本校之，知有缺脱。用贤刻本，与明周孔教大字本同。《四库》据周本著录，而校以赵本；然赵本实多误改。清吴鼒得朱乾道刻本，为赵本所自出；顾广圻（qí）为校，而鼒刻之（顾氏《识误》三卷，刻原书之后）。顾氏而外，卢文弨、王念孙、俞樾，于是书亦有校识。长沙王先谦，合诸家校释，而成《韩非子集解》一书，实最便观览也。

《初见秦》第一　此篇见《战国策》，为张仪说秦惠王之词，盖编《韩子》者误入之。司马光以此讥非欲覆宋国，非也。

《存韩》第二　此篇载非说秦毋攻韩。次以李斯驳议，请身使韩，秦人许之；斯遂使韩，未得见，因上书韩王。盖编《韩子》者，存其事以备考也。

《难言》第三　此篇即《说难》之意。

《爱臣》第四　此篇言人君防制其臣之术，术家言也。

《主道》第五　此篇言人君当虚静无为，以事任人；可见法家言之源出于道。

《有度》第六　此篇言君当任法以御下，多同《管子·明法》篇。

《二柄》第七　此篇言刑、德为制臣之二柄，不可失。又言人君不可以情借臣，当去好恶而任法。

《扬权》第八　此篇言无为之旨，君操其名，而使臣效其形；去智巧，勿授人以柄。可见刑名法术，皆源于道。此篇十之九为四言韵语，盖法家相传诵习之词也。

《八奸》第九　此篇言人臣所以成奸者有八术，亦术家言。

《十过》第十　此篇无甚精义。

《孤愤》第十一　此篇言智能法术之士，与权奸不两立；智能法术之士恒难进，然权奸之利，实与人主相反，术家之精言也。

《说难》第十二　此篇先陈说之难，继言说之术，极精。

《和氏》第十三　此篇言法术为人臣士民所同恶，可见"法"之与"术"，虽名异而理实相通。

《奸劫弑臣》第十四　此篇言君以同是非说其臣，于是臣以是欺其主，而下不得尽忠，故必参验名实。次节言学者不知治乱之情，但言仁义惠爱，世主不察，故法术之士无由进。皆言用人之术，亦术家言也。末节"厉怜王"，《国策》《荀子》，皆作荀子答春申君书。

《亡征》第十五　此篇列举可亡之事，而曰："亡征者，非曰必亡，言其可亡也。"乃自下"亡征"二字之界说也。

《三守》第十六　（1）戒漏言；（2）戒假威；（3）戒不自治事而假手于人，亦术家言。

《备内》第十七　此篇言人臣之于君，非有骨肉之亲，故窥觎其君无已时；而后妃、太子，亦利君之死，故有因后妃、太子以成其奸者。看似刻核，然于后世权奸宫闱之祸，若烛照而数计；其见理明，故其说事切也。大抵人类恶浊之性，恒人不甚乐道出，而法术家务揭举之，故常为世所訾；然其说理则甚精，而于事亦多验，固不可不措意矣。又言王良爱马，为其可以驰驱；勾践爱人，乃欲用以战斗，则法家刻酷之论矣。建国原以为民；欲保国者，有时原不能曲顾人民；然若全忘人民之利益，视若专供国家之用者然，则流连而忘本矣。此则法家之失也。

《南面》第十八　此篇言人君当任法以御臣，不可任甲以备乙，亦术家言也。末节言变法之理甚精。

《饰邪》第十九　此篇主明法以为治，戒信龟策、恃外援，可考见战国时迷信及外交情形。

《解老》第二十　此篇皆释《老子》之言，义其精，然非必《老子》本意。盖治学问者，原贵推广其意，以应百事。韩婴之作《诗外传》即如此；凡古书之有传者，实皆如此也。

《喻老》第二十一　上篇释《老子》之意，此篇则举事以明之。

《说林上》第二十二　《说林下》第二十三　此篇列举众事，借以明义。《史记索隐》谓其"多若林"，故曰《说林》也。此可见古人"多识前言往行以畜其德"之义。

《观行》第二十四　《安危》第二十五　《守道》第二十六《用人》第二十七　《功名》第二十八　《大体》第二十九　以上六篇，皆法术家言。《大体》篇亦及因任自然之旨，与道家言通。篇幅皆短。

《内储说上》第三十　《内储说下》第三十一　《外储说左上》第三十二　《外储说左下》第三十三　《外储说右上》第三十四《外储说右下》第三十五　《内/外储说》皆言人主御下之术，乃法术家言之有条理者。其文皆先经后说，可见古者经传别行之体。

《难一》第三十六　《难二》第三十七　《难三》第三十八《难四》第三十九　一至三皆述古事而难之；四则既难之后，更有难难者之语。剖析精微，可见法术家综核名实之道。

《难势》第四十　难任势为治之论。

《问辨》第四十一　非民以学议法，李斯焚书之理如此。

《问田》第四十二　此篇言法家不惮危身以婴暗主之祸。案战国之时，大臣跋扈，率多世禄之家。游说之士虽盛，然多出自疏远，能执国之柄者盖少。故韩非发愤屡言之，术家言之所由兴也。

《定法》第四十三　此篇言法与术之别。

《说疑》第四十四　此篇亦言人主御臣之术，多引古事以明之。

《诡使》第四十五　此篇言利与威与名，所以为治，然真能用之者少。

《六反》第四十六　此篇举奸伪无益之民六，谓其皆足以毁耕战有益之民。又辟轻刑。《商君书》之精义，已具于此及《五蠹》《饬令》《制分》三篇矣。

《八说》第四十七　此篇举匹夫之私誉，而为人主之大败者八事。又言法令必人人所能。古者人寡而物多，故轻利而易让；后世生计穷蹙，则不能。然天下无有利无害之事，但在权其大小。治国者不可恃爱。皆法术家之精论。

《八经》第四十八　（1）凡治天下，必因人情。人情有好恶，故赏罚可用。（2）力不敌众，智不尽物，与其用一人，不如用一国。故君当用人之智，而不自任其力。（3）言臣主异利。（4）言参伍之道。（5）言明主务周密。（6）言参听及言必责实之道。（7）言宠必在爵，利必在禄。（8）言功名必出于官法，不贵法外难能之行。亦法术家极精之论。

《五蠹》第四十九　此篇言圣王不期修古，不法常可；论世之事，因为之备。即商君变法之旨。又言文学非急务，取譬于"糟糠不饱者，不务粱肉；短褐不完者，不待文绣"。可见法术家言，虽刻核而重实利；然自为救时之论，非谓平世亦当如此也。篇末辟纵横之士，谓其徒务自利。此外大旨与上篇同。

《显学》第五十 　此篇辟儒、墨，亦精。

《忠孝》第五十一 　此篇非尚贤。

《人主》第五十二 　此篇戒大臣太贵，左右太威，亦术家言。

《饬令》第五十三 　此篇言人君任人当以功，而不可听其言。又主重刑厚赏，利出一孔。与《商君书·靳令》篇同（《商君书》亦有作"饬令"者）。

《心度》第五十四 　此篇言圣人之治民，不从其欲，期于利之而已。其说甚精，可见法家之治，虽若严酷，而其意实主于利民，而尤足为民治时代之药石。盖求利是一事，真知利之所在，又是一事；人民自主张其利益者，往往不知利之所在，欲求利而适得害。故先觉之言，不可不察也。

《制分》第五十五 　此篇言相坐之法，亦商君所以治秦也。

十、《商君书》

《汉志》：法家，《商君书》二十九篇。《隋书·志》《新/旧唐书·志》皆五卷。《通志》谓二十九篇亡其三。《直斋书录解题》谓二十八篇亡其一。严万里得元刻本，凡二十六篇，而中亡其二，实二十四篇。《史记·商君列传》："太史公曰：余读商君《开塞》《耕战》书，与其人行事相类。"《索隐》"按《商君书》：'开'谓刑严峻则政化开，'塞'谓布恩惠则政化塞，其意本于严刑少恩。又为田开阡陌，及言斩敌首赐爵，是耕战书也。"所释"开塞"之义，与今书《开塞》篇不合。晁公武谓司马贞未尝见其书，妄为之说。今案开塞、耕战，盖总括全书之旨（或太史公时《商君书》有此名），非专指一两篇，《索隐》意亦如此，晁氏自误解也。《尉缭子·兵教下》："开塞，谓分地以限，各死其职而坚守。"此"开塞"二字古义。《索隐》庸或误释，然谓其未见《商君书》固非。或又以与《索隐》不合而疑今书为伪，亦非也。今《商君书》精义虽不逮《管》《韩》之多，然要为古书，非伪撰；全书宗旨，尽于"一民农战"一语。其中可考古制，及古代社会情形处颇多，亦可贵也。此书有朱师辙《解诂》，最便观览。

《更法》第一　此篇记孝公平画，公孙鞅、甘龙、杜挚三大夫御于君。鞅主变法，甘龙、杜挚难之，孝公从鞅。与《史记·商君列传》大同。

《垦令》第二　此篇主抑商废学以重农，说多偏激。

《农战》第三　此篇言官爵者，人主所以劝民；而国以农战兴，当使民求官爵以农战。又论绝学及去商贾技艺。

《去强》第四　此篇主峻刑法。金粟互生死一节，亦涉及生计。

《说民》第五　此篇亦主严刑重农战之论。其云："家断有余，官断不足，君断则乱。"则言人臣当各举其职，人君不可下侵臣事，法家多重"乡治"由此。

《算地》第六　此篇言任地之法，亦及重刑赏以"一民于农战"之意。

《开塞》第七　此篇首为原君之论。其言以乱而求立君，颇合欧西民权论中之一派。下为主严刑之论。

《壹言》第八　此篇言尚农战，下辩说、技艺，绝游学，杜私门。又言不法古，不修今，因势而治，皆与他篇互见。

《错法》第九　此篇论赏罚。

《战法》第十　《立本》第十一　《兵守》第十二　三篇皆论兵事。多缺误，难读。

《靳令》第十三　此篇言任人当以功，不当以言。又言重刑轻赏，利出一孔。《去强》篇曰："虱官者六：曰岁，曰食，曰美，曰好，曰志，曰行。"此篇又曰："六虱：曰礼乐，曰诗书，曰修善，曰孝弟，曰诚信，曰贞廉，曰仁义，曰非兵，曰羞战。国有十二者，上无使农战，必贫至削。十二者成群，此谓君之治不胜其臣；官之治不胜其民，此谓六虱胜其政也。"其词错乱，未知其说。此篇同《韩非子·饬令》篇（本书标题，亦有作"饬令"者）。

《修权》第十四　此篇言国所以治者三：（1）曰法；（2）曰信；（3）曰权。法与信，君臣所共；权，君之所独。又曰："尧、舜之位天下也，非私天下之利也，为天下位天下也；三王五霸，非私天下之利也，为天下治天下。今则不然。公私之交，存亡之本也。"亦廓然大公之论。

《徕民》第十五　此篇言秦患土满，三晋反之；当利其田宅，复其身，以徕三晋之民。颇有精论。

《刑约》第十六　亡。

《赏刑》第十七　此篇言圣人之为国也，壹赏，壹刑，壹教。壹赏谓利禄官爵，专出于兵；壹刑谓刑无等级；壹教谓富贵之门专于战。

《画策》第十八　此篇言胜敌必先自胜，亦主"一民于战"。

《境内》第十九　此篇言户籍及军爵。

《弱民》第二十　此篇言民强则国弱，民弱则国强，乃以人民为国家机械之论。

《□□》第二十一　亡。

《外内》第二十二　此篇言重农战之理。

《君臣》第二十三　此篇言君不可释法，亦及重农战之论。

《禁使》第二十四　此篇主势治。

《慎法》第二十五　此篇言人主御下之术。"使吏非法无以守，则虽巧不得为奸；使民非战无以效其能，则虽险不得为诈"二语，乃一篇主旨也。

《定分》第二十六　此篇言立法、行法及司法之官吏，可以考见古制。

十一、《尹文子》

此书言名法之义颇精，然文甚平近，疑经后人改篡矣。按《汉志》，《尹文子》一篇。《隋志》，二卷。《四库提要》云："前有魏黄初末山阳仲长氏《序》，称条次撰定，为上下篇。《文献通考》著录作二卷。此本亦题《大道上篇》《下篇》，与《序》文相符，而通为一卷；盖后人所合并也。《序》中所称熙伯，盖缪袭之字。其山阳仲长氏，不知为谁。李淑《邯郸书目》以为仲长统。然统卒于建安之末，与所云黄初末者不合。晁公武因此而疑史误，未免附会矣。"按《四库》著录之本，与今通行本同。此《序》恐系伪物。《群书治要》引此书，上篇题《大道》，下篇题《圣人》，与今本不合，则今本尚定于唐以后也。今本两篇，精要之论，多在上篇中。然上篇实包含若干短章，因排列失次，其义遂不易通；盖条次撰定者，于此学实未深造。此篇盖《汉志》之旧，其文字平近处，则后人所改。下篇由杂集而成，盖后人所附益，非汉时所有。故《汉志》一篇，《隋志》顾二卷也。今略料拣上篇大意于下。学者依此意分节读之，便可见此书之意矣。

此书之旨，盖尊崇道德，故谓道贵于儒墨名法，非法术权势之治，所得比伦。夫所贵于道者，为其能无为而治也；无为而治，非不事事之谓，乃天下本无事可为之谓；天下所以无事可为者，以其治也；天下之所以治，以物各当其分也。盖天下之物，固各有其分；物而各当其分，则天下固已大治矣。然此非可安坐而致，故必借法以致之。所谓"道不足以治则用法，法不足以治则用术，术不足以治则用权，权不足以治则用势；势用则反权，权用则反术，术用则反法，法用则反道"也。夫权与术、与势，皆所以行法；法则所以蕲致于道也。法之蕲致于道奈何？曰：使天下之物，各当其分而已。然非能举天下之物，为之强定其分，而使之守之也；能使之各当其固有之分而已。所谓"圆者之转，非能转而转，不得不转；方者之止，非能止而止，不得不止。故因贤者之有用，使不得不用；因愚者之无用，使不得用"也。夫如是，则"形以定名，名以定事"之术，不可不讲矣。天下万事，不可备能；责其备能于一人，贤者其犹病诸。今也，人君以一身任天下之责，而其所操者，不过"形以定名，名以定事"之一事，不亦简而易操乎？故曰"以简治烦惑，以易御险难；万事皆归于一，百度皆准于法；归一者简之至，准法者易之极"也。夫任法之治，固尚未能合道。所谓"法行于世，则贫贱者不敢怨富贵，富贵者不敢凌贫贱；愚弱者不敢冀智勇，智勇者不敢鄙愚弱。道行于世，则贫贱者不怨，富贵者不骄；愚弱者不慑，智勇者不凌"是也。然必先合于法，而后可以蕲致于道；欲蕲致于道者，必先行法，则断然矣。而欲定法则必先审形名；此形名之术，所以为致治之要也。上篇之大旨如此。此篇虽经后人重定，失其次序（亦或有缺佚），其文字疑亦有改易。然诸书言形名之理，未有如此篇之明切者，学者宜细观之（"形名"二字，本谓因形以定名；后世多误为"刑名"，失之。释"形名"二字之义者，亦唯此书最显）。

又此书上篇，陈义虽精，然亦有后人窜入之语。如"见侮不辱，见推不矜；禁暴寝兵，救世之斗"，乃《庄子》论《尹文》语；此篇袭用之，而与上下文意义，全不相涉，即其窜附之证。盖古人之从事辑佚者，不肯如后人之逐条分列，必以己意为之联贯[①]。识力不及者，遂至首尾衡决，亦非必有意作伪也。下篇则决有伪窜处。如"贫则怨人，贱则怨时"一节，断非周秦人语，亦全非名家之义也。

十二、《慎子》

此书亦法家者流，而缺佚殊甚。《汉志》法家，"《慎子》四十二篇。名到。先申、韩，申、韩称之"。《史记·孟荀列传》：

---

① "联贯"通"连贯"。——编者注

"慎到，赵人。田骈、接子，齐人。环渊，楚人。皆学黄老道德之术，因发明序其指意。故慎到著《十二论》，环渊著《上下篇》，而田骈、接子，皆有所论焉。"《集解》："徐广曰：今《慎子》刘向所定，有四十一篇。"（"一"系误字，《汉志》法家篇数可证）《正义》："《慎子》十卷，在法家，则战国时处士。"按《荀子》谓"慎子蔽于法而不知贤"；又谓"慎子有见于先，无见于后"（谓其物来顺应，更无他虑，即庄子"不师知虑，不知前后"之意，非谓其知进而不知退也）。《庄子》以慎到与彭蒙、田骈并称，谓其"弃知去己，而缘不得已。笑天下之尚贤，非天下之大圣。不师智虑，不知前后；推而后行，曳而后往。曰：至于若无知之物而已。豪杰相与笑之。曰：慎到非生人之行，而死人之理也。"观荀、庄二子之论，其学实合道、法为一家。故《史记》谓其学黄老道德之术，《汉志》以其书隶法家也（《韩子·难势》篇、《吕览·慎势》篇引慎到语，皆法家之言）。其书《唐志》十卷，与《史记正义》合。《崇文总目》三十七篇，校《汉志》已损其五。王应麟谓唯有《威德》《因循》《民杂》《德立》《君人》五篇，与今本合。然今本每篇皆寥寥数行，《四库》谓又出后人捃摭，非振孙所见之旧已。

然如《威德》篇谓"古者立天子而贵之，非以利一人也。曰：天下无一贵，则理无由通；通理以为天下也。故立天子以为天下，非立天下以为天子也"。可见法家虽尊君权，实欲借以求治，非教之以天下自私。又如《因循》篇谓："因则大，化则细。因也者，因人之情也；人莫不自为也，化而使之为我，则莫可得而用。"此"化"字实为《老子》"化而欲作"之"化"字之确诂。虽缺佚，亦可宝也。

十三、《邓析子》

此书《汉志》二篇，在名家。《隋志》一卷。《四库提要》云："今本仍分《无厚》《转辞》二篇，然其文节次不相属，似亦掇拾之本也。"又云："'圣人不死，大盗不止'一条，其文与《庄子》同，或篇章浅缺，后人摭《庄子》以足之欤？"愚按此书有采掇先秦古书处，又有后人以己意窜入处。核其词意，似系南北朝人所为。如"在己为哀，在他为悲""患生于宦成，病始于少瘳（chōu），祸生于懈慢，孝衰于妻子"等，皆绝非周、秦人语也。伪窜处固已浅薄；采掇古书处，亦无精论；无甚可观。

十四、《吕氏春秋》

《吕氏春秋》，为杂家之始。毕沅所谓"书不成于一人，不能名一家者，实始于不韦，而《淮南》内外篇次之"是也。《史记·吕不韦传》，谓不韦使其客人人著所闻，集论以为《八览》《六论》《十二纪》，号曰《吕氏春秋》；而《自序》及《汉书·迁传》载迁《报任安书》，又云："不韦迁蜀，世传《吕览》。"按《序意》云，"维秦八年，岁在涒（tūn）滩"，是时不韦未徙，故有议史公之误者。然史公本谓世传《吕览》，不谓不韦迁蜀而作《吕览》也。据《本传》"号曰《吕氏春秋》"之语，则四字当为全书之名，故《汉志》亦称《吕氏春秋》。然编次则当如梁玉绳初说，先《览》后《论》，而终之以《纪》。"世称《吕览》"，盖举其居首者言之；《序意》在《十二纪》之后，尤其明证。毕氏沅《礼运注疏》，谓以《十二纪》居首，为《春秋》之所由名（说本王应麟，见《玉海》）；《四库提要》谓唐刘知几作《史通》，《自序》在《内篇》之末、《外篇》之前，因疑《纪》为内篇，《览》与《论》为外篇、杂篇，皆非也。《礼运》郑注，本无吕氏以《春秋》名书，由首《十二纪》之意。古人著书，以《春秋》名者甚多，当皆有《十二纪》以为之首邪？古书自序，例在篇末；《吕览》本无内、外、杂篇之名，何得援唐人著述，凿空立说乎？

此书合《八览》《六论》《十二纪》，凡二十六篇。自《汉志》以下皆同。庾仲容《子抄》、陈振孙《书录解题》、《史记索隐》作三十六，"三"盖误字；《文献通考》作二十，则又脱"六"字也。《玉海》引王应麟，谓"《书目》，是书凡百六十篇"，与今本篇数同。卢文弨曰："《序意》旧不入数，则尚少一篇。此书分篇，极为整齐，《十二纪》纪各五篇，《六论》论各六篇，《八览》当各八篇。今第一览止七篇，正少一。考《序意》本明《十二纪》之义，乃末忽载豫让一事，与《序意》不类。且旧校云一作廉孝，与此篇更无涉，即豫让亦难专有其名。因疑《序意》之后半篇俄空焉，别有所谓《廉孝》者，其前半篇亦简脱；后人遂相附和，并《序意》为一篇，以补总数之缺。然《序意》篇首无'六曰'二字，后人于目中专辄加之，以求合其数，而不知其迹有难掩也。"按卢说是也。予谓此书篇数，实止廿六。今诸《览》《论》《纪》又各分为若干篇，亦后人所为，非不韦书本然也。此书诸《览》《论》《纪》，义皆一线相承（说见后），固无取别加标题。《四库提要》谓"唯夏令多言乐，秋令多言兵，似乎有义，其余绝不可晓"，谬矣。

此书虽称杂家，然其中儒家言实最多（今人指为道家言者，实多儒、道二家之公言。参看论《淮南子》处）。《四库提要》谓其"大抵皆儒家言"，实为卓识。按《书大传》："古者诸侯始受封，则有采地。其后子孙虽有罪黜，其采地不黜，使其子孙贤者守之，世世以祠其始受封之人。此之谓'兴灭国，继绝世'。"《史记·秦本纪》：庄襄王元年，"东周君与诸侯谋秦，秦使相国吕不韦诛之，尽入其国。秦不绝其祀，以阳人地赐周君，奉其祭祀"。即"兴灭国、继绝世"之义也。史又称是年"大赦罪人；修先王功臣；施德，厚骨肉，而布惠于民"，亦必不韦所为。不韦其能行儒家之义矣！

不韦进身，诚不由正，然自非孔、孟，孰能皆合礼义？伊尹负鼎，百里自鬻，王霸之佐，皆有之矣。高似孙曰："始皇不好士，不韦则徕英茂，聚俊豪，簪履充庭，至以千计。始皇甚恶书也，不韦乃极简册，攻笔墨，采精录异，成一家言。《春秋》之言曰：十里之间，耳不能闻；帷墙之外，目不能见；三亩之间，心不能知。而欲东至开梧，南抚多䴅（yàn），西服寿麾，北怀儋耳，何以得哉？此所以讥始皇也。"方孝孺亦称其书"诋訾时君为俗主，至数秦先王之过无所惮"。夫不韦著书，意在"备天地万物古今之事"（《史记》本传语），原不韦讥切一时。然其书立论甚纯，而不韦又能行之；使秦终相不韦，或能行德布化以永其年，不至二世而亡，使天下苍生亦蒙其荼毒，未可知也。今此书除儒家言外，亦存道、墨、名、法、兵、农诸家之言。诸家之书，或多不传，传者或非其真；欲考其义，或转赖此书之存焉，亦可谓艺林瑰宝矣。要之不韦之为人，固善恶不相掩，而其书则卓然可传；讥其失而忘其善，已不免一曲之见；因其人而废其书，则更耳食之流矣。

此书注者，唯有高诱；其注误处甚多。《史记》谓不韦书成，"布咸阳市门，县（悬）千金其上，延诸侯游士宾客，有能增损一字者予千金"。高注多摘其书误处，谓扬子云恨不及其时，车载其金（见《慎人》《适威》二篇注）。殊不知古人著书，重在明义；所谓误不误者，但就论道术之辞言之，非斤斤计较于称引故实之间也。高引扬雄语以诋吕氏，毕沅即摘高注误处，转以是语相讥，宜矣。近人孙德谦云，注此书已成，然未刊布。今通行者，仍为毕沅校本。

《孟春纪》 《十二纪》皆与《礼记·月令》大同。按此所述，为古明堂行政之典。《淮南·时则训》《管子·幼官图》，皆是物也。此盖同祖述古典。参看论《墨子》处自明。或以《吕览》载之，疑为秦法，误矣。《孟春纪》下标目凡四：曰《本生》，言养生之理。曰《重己》，言人当顺性之情，使之不顺者为欲，故必节之。曰《贵公》，曰《去私》，义如其题。盖天下之本在身，春为生长之始，故《孟春》《仲春》《季春》三纪之下，皆论立身行己之道，而《孟春纪》先上本之于性命之精焉（诸《览》《论》《纪》下之分目，虽后人所为，亦便识别，故今皆仍之；而又说明其一线相承之义，以见此书编次之整齐焉）。

《仲春纪》 纪下亦标四目：曰《贵生》，义与《庄子·让王篇》同。又云："全生为上，亏生次之，死次之，迫生为下。"此言生活贵有意义，尊生者非苟全其生命之谓，其说极精。后世神仙家言之自托于道家者，乃徒欲修炼服饵，以求长生，其说不攻而自破矣。

曰《情欲》，言欲有情、情有节，圣人修节以止欲，故不过行其情。此"情"字当作"诚"字解，今所谓真理也。不主绝欲而务有节，实儒家精义。曰《当染》，前半与《墨子·所染》篇同，而后文议论处异。又云："古之善为君者，劳于任人，而佚于官事。"盖因私人交友之道，而及人君用人之方也。曰《功名》，言立功名必以其道，不可强为。

《季春纪》 下标四目：曰《尽数》，言自然之力，莫不为利，莫不为害，贵能察其宜以便生，则年寿得长。又云："长也者，非短而续之也，毕其数也。"此可见求长生之谬矣。曰《先己》，亦言贵生之理。反其道而身善，治其身而天下治，是为无为。可见所谓无为者，乃因任自然，而不以私意妄为之谓，非谓无所事事也。曰《论人》，前半言无为之理，后半言观人之法。曰《圜（yuán）道》，言天道圜，地道方，各有分职；主执圜，臣处方，贵各当其职。《仲春》《季春》二纪，因修己之道，旁及观人、用人之术，而极之于君臣分职之理。

《孟夏纪》 下标四目：曰《劝学》，曰《尊师》，义如其题（《尊师篇》可考古者弟子事师之礼）。曰《诬徒》，言教学当反诸人情（即人性之本然），极精。曰《用众》，言取人之长，以补己之短。其曰："吾未知亡国之主，不可以为贤主也。其所生长者不可耳。"即今教育当重环境之说也。孟夏为长大之始；人之于学，亦所以广大其身（《礼记·文王世子》："况于其君以善其身乎？"《郑注》："于读为迂。迂犹广也，大也。"），故论为学之事。

《仲夏纪》 下标四目：曰《大乐》，言乐之所由生，并驳非乐，论颇精。曰《侈乐》，言乐贵合度，不贵侈大，侈则失乐之情（此篇有同《礼记·乐记》处）。曰《适音》，言大小清浊之节，盖即所谓度量也。曰《古乐》，述乐之史。

《季夏纪》 下标四目：一曰《音律》，言十二律相生及十二月行政。曰《音初》，言东西南北之音所自始（末节同《乐记》）。曰《制乐》，言治厚则乐厚，治薄则乐薄。下引汤、文、宋景公之事，无甚深义。曰《明礼》，言乱国之主不知乐，多侈陈灾祥之言。"乐盈而进"，故于夏长之时论之。《仲夏纪》论乐之原理颇精；《季夏纪》所论，或为专门之言，或杂怪迁浅薄之论。

《孟秋纪》 下标四目：曰《荡兵》，推论兵之原理。谓有义兵而无偃兵，极精。曰《振乱》，曰《禁塞》，皆辟非攻之论，亦精。曰《怀宠》，此篇论所谓义兵者，即儒家所谓仁义之师。按儒家崇尚德化，而不言去兵。儒家经世之道，备于《春秋》；而《孟子》曰"《春秋》无义战"，则"义战"二字，乃儒家用兵标准也。《吕览》多儒家言，此篇所述，盖亦儒义（予别有论）。

《仲秋纪》 下标四目：曰《论威》，言立威之道。其言曰："死生荣辱之道一，则三军之士，可使一心；三军一心，则令无敌。士民未合，而威已谕，敌已服，此之谓至威。"又曰："兵欲急疾捷先，并气专精，心无有虑，一诸武而已。"皆兵家极精之论。曰《简选》，言简选不可专恃，然因此遂谓市人可胜教卒则非。曰《决胜》，言"民无常勇，亦无常怯。有气则实，实则勇；无气则虚，虚则怯"，"兵有本干，必义，必智，必勇"，"兵贵因，因敌之险，以为己用；因敌之谋，以为己事"，"兵贵不可胜，不可胜在己，可胜在彼；必在己，不必在彼"者，亦兵家极精之论也。曰《爱士》，言行德爱人，则民亲其上；民亲其上，则乐为君死。

《季秋纪》　下标四目：曰《顺民》，曰《知士》，义如其题。曰《审己》，言凡物之然也必有故；不知其故，虽当，与不知同，其卒必困（此言做事当通其原理，不可恃偶合）。曰《精通》，言精神相通之理。圣人所以行德乎己，而四荒咸饬其仁。秋主则杀，故论用兵之事。《顺民》《知士》，乃用兵之本；《审己》则慎战之理；《精通》亦不战屈人之意也。

《孟冬纪》　下标四目：曰《节丧》，曰《安死》，皆言厚葬之祸，可考古代厚葬及发墓者情形。曰《异宝》，言古人非无宝也，所宝者异耳，以破世俗之惑。曰《异用》，言人之所以用物者不同，为治乱、存亡、死生所由判。意承上篇（盖人之愚，皆由为物所惑；不为物所惑，而且能用物，则所为皆成矣。此亦哲学家极精之论）。

《仲冬纪》　下标四目：曰《至忠》，言忠言逆耳，非明主莫能听。曰《忠廉》，言忠廉之士难得。曰《当务》，言辩而不当论（同伦），信而不当理，勇而不当义，法而不当务；大乱天下，必此四者。即《孟子》"非礼之礼，非义之义，大人弗为"之说，亦所以恶"执中而无权"也。曰《长见》，言知愚之异，在所见之短长。审今可以知古，审古亦可以知后。故为后人所非之事不当做，因知而推之于行也。

《季冬纪》　下标四目：曰《士节》，言定天下国家，必由节士，不可不务求。曰《介立》，言贵富有人易，贫贱有人难。晋文公贫贱时能有介之推，而贵富时不能有，所以不王。曰《诚廉》，言诚廉之士，视诚廉重乎其身，出乎本性。曰《不侵》，言尊富贵大，不足以来士，必知之然后可。冬主闭藏，故言丧葬之理（墨家固主节葬，儒家、道家亦戒厚葬。然此特道术之士然，至于习俗，盖皆主厚葬，秦始皇等特其尤甚者耳。故戒厚葬之谈，实其时当务之急也）。人能多所蓄藏则必智，而智莫大于知人。故诸篇多论求智之事，及知人之方焉。

《序意》　此篇为全书自序。《十二纪》本列《六览》《八论》之后；此书在《十二纪》之后，亦即在全书之末；今本升《纪》于《览》《论》之前，故序亦在《纪》与《览》《论》之间也。《序语》似专指《十二纪》者，以其已非完篇也。见前。

《有始览》　首节言天地开辟。中与《淮南·地形训》同。末言"天地万物，大同众异"。与《庄子·天下》篇引惠施之说同。可见此为古代哲学家之公言，非庄、列、惠施等二三人之私论也。下标七目：曰《应同》，言祯祥感应之理。曰《去尤（wāng）》，言心有尤则听必悖，故必去之，然后能听言。曰《听言》，言听言者必先习其心于学问。曰《谨听》，戒人自以为智。曰《务本》，言人臣当反身自省，不可徒取禄。曰《谕大》，言小之安必恃大，大之安必恃小，小大贵贱交相恃；然意偏于务大，则因人之蔽于小而不知大者多，故以是戒之也。古人论政，原诸天道；而一国之政，君若臣实共司之。此篇因论天地开辟之宇宙论，而及于君若臣所以自处之道，及其所当务也（此篇从天地开辟说起，亦可见《八览》当列全书之首）。

《孝行览》　言为天下国家必务本，本莫贵于孝，多同《孝经》

及《礼记·祭义》。下标七目：曰《本味》，言功名之本在得贤。曰
《首时》，言成功在于得时。曰《义赏》，言一事之成，皆有其外缘
使之。赏罚之柄，上之所以使下也。赏罚所使然，久则成习，而安之
若性；故赏罚之所加，不可不慎也。曰《长攻》，言治乱存亡，安危
强弱，亦有外缘。汤、武非遇桀、纣不王，桀、纣非遇汤、武不亡。
曰《慎人》，承上篇，言功名之成，虽由于天，然因是而不慎人事则
不可。亦及不得时则不可强为之义。曰《遇合》，言外缘之相值，由
于适然。曰《必己》，承上篇，言外物不可必，故君子必其在己，不
必其在人者；多同《庄子·山木》。其言修德不必获报，无论如何，
无必免患之法，可破修德获报之说。此览承上览，言治国之本，及总
论成败之道。

《慎大览》　言强大当慎、居安思危之义。下标七目：曰《下
贤》，言人主当下贤。曰《报更》，举报恩之事，言人主当博求士。
曰《顺说》，言说术。曰《不广》，言智者之举事必因时。曰《贵
因》，言创者难为功，因者易为力之理。曰《察今》，言先王之法不
足法，当法其所以为法；因言察己可以知人，察今可以知古；法随时
变之理。极精。曰《权劝》。此览亦承上览。《孝行览》论成功之
术，盖就国家开创时立言；此览则就国家既成立后言之，皆守成之
道也。

《先识览》　言国之兴亡，有道者必先知之。故有道者之言，不
可不重。下标七目：曰《观世》，言有道之士少，不可不求。曰《知
接》，言知者所接远，愚者所接近。所接近者，告之以远亦不喻。戒
人不可自以为智。曰《悔过》，此篇承上篇，上篇言耳目有所不接，

此篇言心智亦有所不至。因引秦穆公事，遂以悔过题篇，实非本意也（此可见各纪、各览、各论中之分篇，多后人所为）。曰《乐成》，言民可与乐成，难与虑始；汹汹之论，不可不察。曰《察微》，言治乱存亡，始于至微；能察之，则大事不过。曰《去宥》，"宥"同"囿"。曰《正名》，言名实之间，不可不察。此览亦承前言之。《孝行》《慎大》二览，皆就行事立言；此览则就知识立言也。

《审分览》 言君臣异职，人主不可下同群臣之事。下标七目：曰《君守》，言人君所处之分，以无为为尚。曰《任数》，言御下之术，当修其数；耳目智巧不足恃。曰《勿躬》，言人君不可躬亲事务。曰《知度》，言治要存乎除奸；除奸之要，存乎治官；治官之要，存乎治道；治道之要，存乎知性命。可见政治学与哲学一贯之旨。曰《慎势》，言以大畜小，以重使轻，此势不可失。曰《不二》，戒听众议以治国。此篇有脱文。曰《执一》，言天下之本在国，国之本在家，家之本在身；闻为身，不闻为国。亦道家养生之旨也。此览言臣主之分，而仍归本于性命之情，可见形名度数，皆源于道。

《审应览》 言人主应物，不可不审。其道在因人之言，以责其实，而不为先。下标七目：曰《重言》，言人主之言不可不慎。曰《精谕》，言缜密之道。曰《离谓》，言名实不副，为乱国之道。曰《淫辞》，言名实不副者，上不可无以察之。曰《不屈》，言察士应物，其辞难穷；然不必为福。曰《应言》，盖即举察士应物之辞。曰《具备》，言立功名者自有其具；说与治之务莫若诚。此览言人君听说之道，多难名、法家之言，以其能变乱是非也；而归结于臣主之务，莫若以诚，可谓得为治之要矣。

《离俗览》　言世以高行为贵，然以理义论，则神农、黄帝，犹有可非，微独舜、禹。盖极言理论与实际，不能相合，戒作极端之论也。下标七目：曰《高义》，言君子之所谓穷通与俗异，故不苟受赏逃罪；人之度量，相越甚远，不可不熟论。言以求众人之道驭非常之人，则必失也。曰《上德》，言用人者不可徒恃罚；曰《用民》，言用民者亦不可徒恃威。其理甚精，足箴法家过任威刑之失。曰《适威》，言立法必为民所能行。《管子》所谓"下令于流水之原"也。曰《为欲》，言民之可用，因其有欲；治乱强弱，由其使民之术不同。甚精。曰《贵信》，言信立则虚言可以赏，六合之内，皆为己府，而不患赏之不继矣。甚精。曰《举难》，戒求全。此篇承前览，前览言听言之术，此览则言用人之术也。

《恃君览》　言人之生恃乎群；群之所以不涣，恃乎群中之人，皆以群为有利；群之能利其群之人，以君道立也。此等原君之论，法家常主张之。然又曰："君道以利立，故废其不然而立其行道者。德衰世乱，然后天子利天下。"则又儒家"汤、武革命，应天顺人"之说矣。固知九流之学，流异原同也。下标七目：曰《长利》，言天下之士，必虑长利。利倍于今，而不便于后，弗为也；安虽长久，以私其子孙，弗为也。又谓贤者不欲其子孙恃险久存，以行无道，亦廓然大公之论。曰《知分》，言达乎生死之分，则利害存亡弗能惑。理颇近庄、列。曰《召类》，言祸福自来，众人不知，则以为命，其实皆有以召之。按上篇言理，偏重自然；故以此篇继之，以见事虽有非人力所能为者，然人事仍不可失也。曰《达郁》，言人身精气郁则病；

一国亦然，郁则万恶并起。理极精。曰《行论》。言人主之行与布衣异，势不便，时不利，则当事仇以求存。何者？执民之命，不得以快志为事也。可破宋以后气矜之隆，不论利害之失。曰《骄恣》，言亡国之主之失。曰《观表》，言人心难测，圣人过人以先知。先知必审征表。众人以为神，以为幸，而不知其为数之所不得不然也。此览推论国家、社会所以成立之原，由于众以为利，因博论利害之理，及人所以知利害之术；并及立君所以利民，戒人主不可以国自私，真廓然大公之论。

《开春论》　言贤主不必苦心焦思，在能任贤。下标五目：曰《察贤》，义如其题。曰《期贤》，言世主多暗；人君有明德，则士必归之。曰《审为》，言身重于天下；今人多趋利而忘其身。盖因下篇言爱类，故先及此也。曰《爱类》，言仁者必爱其类。贤人往来王公之朝，非求自利，欲以利民。故人主能务民，则天下归之。曰《贵卒》，言智者之异于人，以其能应变于仓促之间。此论承前论：前论言人主利民之道，此论言贤人皆以利民为务，因及人君用人之方。

《慎行论》　言计利者未必利，唯虑义则利。下标五目：曰《无义》，极言义之利。曰《疑似》，言知必求其审；故疑似之务，不可不察。曰《壹行》，言人之行义，当昭然与天下以共见，使人信之。如陵上巨木，人以为期，易知故也。乘船者为其能浮而不能沉；贤士君子，为其能行义而不能行邪僻也。曰《求人》，上篇言壹行在己，故言求人以该其义也。曰《察传》，言得言不可不察。数传而白为黑，黑为白矣。故闻言必熟论，必验之以理。如"夔一足""穿井得一人"等，皆可以理决其无者也。此论实为破除迷信之根。此论承前二论：前二论皆言利，恐人误见小利，故此论极言以义为利之旨；利之为利易见，义之为利难知，故极言知之贵审；既知义则必行之，故又极言行之贵壹也。

《贵直论》　言直臣之可贵。下标五目：曰《直谏》，言非贤人不肯犯危谏诤，故人主当容察之。曰《知化》，言恶直言者，至其后闻之则已晚。曰《过理》，言亡国之主，皆由所乐之不当。曰《壅塞》，言亡国之主，不可与直言。曰《原乱》，举祸乱因壅塞而生者以为戒。前论言知贵审而行贵壹，知及行必借人以自辅，故此论承之，极言直臣之可贵也。

《不苟论》　言贤主必好贤。下标五目：曰《赞能》，言进贤之功。曰《自知》。言人主欲自知，则必得直士。曰《当赏》，言赏罚爵禄，人臣之所以知主；所加当，则人为之用。曰《博志》，言有所务，必去其害之者；贤者之无功，不肖者害之也。曰《贵当》，言治国之本在身，治身之本，在得其性。所谓性者，则自然之道也。此论亦承前论，前论言直臣之可贵，此论则言人主当用贤去不肖。人主之于贤臣，固不徒贵知之，必贵能用之也。而以用人之本，归结君心，则《孟子》所谓"惟大人为能格君心之非""一正君而国定"者也。

《似顺论》　言事有貌相似而实相反者，因言循环之道。下标五目：曰《别类》，言剖析疑似之事，因推论智识有限，故圣人不恃智而因任自然。极精。曰《有度》，言必通乎性命之情，则执一而万物治。所谓性命之情者，即今所谓真理也。曰《分职》，言君当守无为之道，使众为之。曰《处分》，言物各异能，合众异正所以为同，故贵因材授任；然立法则必为人之所共能。曰《慎小》，义如其题。此篇承前，前论以知人、用人归束于君，故此篇又总论君道也。

《士容论》 言诚则人应之，无待于言，言亦不足谕人。下标五目：曰《务大》，言务大则小自该。戒人臣欲贵其身，而不知贵其主于天下。与《谕大》篇有重复处。曰《上农》，言导民莫先于农。农则朴，朴则易用；农则重，重则少私义；少私义则公法立，可以战守（义与《商君书》同。下言男女分职之理，义颇合于《孟子》；言制民之产之法，又与儒家言大同。亦可见九流之学之本无不合也）。曰《任地》，曰《辨土》，曰《审时》，皆农家专门之言，不易解（与《亢仓子》同。《亢仓子》伪书盖取诸此）。此论亦承前。前五论皆言人君之道，此论则言臣民之务也。

十五、《尸子》

此书虽缺佚特甚，然确为先秦古籍，殊为可宝。按《汉志》：杂家，"《尸子》二十篇。名佼，鲁人。秦相商君师之。鞅死，佼逃入蜀。"《史记·孟荀列传》："楚有尸子。"《集解》："刘向《别录》曰：楚有尸子，疑谓其在蜀。今按《尸子》书，晋人也，名佼。秦相卫鞅客也。商君被刑，佼恐并诛，乃逃亡入蜀。自为造此二十篇书，凡六万余言。"《索隐》谓："尸子名佼，晋人，事具《别录》。"按裴骃、司马贞及见《别录》及《尸子全书》，所知较详，说当不误。"晋""鲁"形近，今《汉志》作鲁人，盖讹字也。其书二十篇，《隋/唐志》皆同。宋时遂残缺。王应麟《汉志考证》，李淑《邯郸书目》存四卷。馆阁书目只存二篇，合为一卷，其本又不传于后。清时所行，凡有三本：（1）为震泽任氏本；（2）为元和惠氏本；（3）为阳湖孙氏本。汪继培以三本参校，以《群书治要》所载为上卷，诸书称引与之同者，分注于下；其不载《治要》、散见诸书者为下卷；引用违错及各本误收者，别为存疑附于后。实最善之本也。今所传刘向校上《荀子》语，谓尸子著书，"非先王之法，不循孔氏之术"；刘勰谓其"兼总杂术，术通而文钝"。据今所辑存者，十之七八皆儒家言，刘向《校序》本伪物，不足信。此书盖亦如《吕览》，兼总各家而偏于儒。其文极朴茂，非刘勰所解耳。今虽缺佚已甚，然单词碎义，足以取证经子者，实属指不胜屈。今姑举其最要者数条。如《分》篇："天地生万物，圣人裁之。裁物以制分，便事以立官。""君臣，父子，上下，长幼，贵贱，亲疏，皆得其分曰治。爱得分曰仁，施得分曰义，虑得分曰智，动得分曰适，言得分曰信；皆得其分，而后为成人。""明王之治民也，事少而功立，身逸而国治，言寡而令行。事少而功多，守要也；身逸而国治，用贤也；言寡而令行，正名也。""君民者苟能正名，愚智尽情。执一以静，令名自正，令事自定。赏罚随名，民莫不敬。"《发蒙》篇："天下之可治，分成也；是非之可辨，名定也。过其实，罪也；弗及，愚也。是故情尽而不伪，质素而无巧。""故陈绳则木之枉者有罪，措准则地之险者有罪，审名分则群臣之不审者有罪。""是故曰：审一之经，百事乃成；审一之纪，百事乃理。名实判为两，合为一。是非随名实，赏罚随是非。是则有赏，非则有罚。人君之所独断也。""明君之立也正，其貌庄，其心虚，其视不躁，其听不淫，审分应辞，以立于廷，则隐匿疏远，虽有非焉，必不多矣。""明君不用长耳目，不行间谍，不强闻见；形至而观，声至而听，事至而应。近者不过，则远者治矣；明者不失，则微者敬矣。"实足以通儒、道、名、法四家之邮。又如《分》篇："夫弩机损若黍则不钩，益若□则不发。言者百事之机也，圣王正言于朝，而四方治矣。"实《易·系辞传》"言行者君子之枢机"一节绝好注脚。又如《仁意》篇："治水潦者禹也，播五种者后稷也，听狱折衷者皋陶；舜无为也，而天下以为父母，爱天下莫甚焉。"亦足与《论语》"无为而治者，其舜也欤"相补足。此外典制故实，足资考证者尚多，不及备举也。

十六、《鹖（hé）冠子》

此书历代著录，篇数颇有异同。《汉志》：道家，"《鹖冠子》一篇。楚人，居深山，以鹖为冠"。《隋/唐志》皆三卷。《四库》所著录，为宋陆佃注本，卷数同。《提要》云："此本凡十九篇。佃《序》谓韩愈读此称十六篇，未睹其全。佃，北宋人，其时韩文初出，当得其真。今本韩文乃亦作十九篇，殆后来反据此书，以改韩集。此注则当日已不甚显，唯陈振孙《书录解题》载其名。晁公武《读书志》则但称有八卷一本，前三卷全同《墨子》，后两卷多引汉以后事；公武削去前后五卷，得十九篇。殆由未见佃注，故不知所注之本，先为十九篇欤？"按《汉志》只一篇，韩愈时增至十六，陆佃注时，又增至十九；则后人时有增加，已绝非《汉志》之旧。然今所传十九篇，皆词古义茂，绝非汉以后人所能为；盖虽非《汉志》之旧，又确为古书也。第七、第八、第九、第十四、第十五诸

篇，皆称庞子问于鹖冠子，第十六篇称赵卓（悼之借字）襄王问于庞
煖（xuān），第十九篇称赵武灵王问于庞煖；则庞子即庞煖，鹖冠
子者，庞煖之师也。全书宗旨，原本道德，以为一切治法，皆当随顺
自然。所言多明堂阴阳之遗。儒道名法之书，皆资参证，实为子部
瑰宝。

《博选》第一　此篇言君道以得人为本，得人以博选为本。

《著希》第二　此篇言贤者处乱世必自隐，戒人君不可不察。

《夜行》第三　此篇言天文地理等，皆有可验。"有所以然者
（然，成也），随而不见其后，迎而不见其首；成功遂事，莫知其
状。故圣人贵夜行。"夜者，暗昧之意。第十九篇"《阴经》之
法，夜行之道"，同义。《管子·幼官》篇，"若因夜虚守静"之
"夜"，亦当如此解。

《天则》第四　此篇言"天之不违，以不离一；天若离一，反还
为物"。"人有分于处，处有分于地，地有分于天，天有分于时，
时有分于数，数有分于度，度有分于一。""列地而守之，分民而
部之；寒者得衣，饥者得食，冤者得理，劳者得息；圣人之所期
也。""同而后可以见天，异而后可以见人，变而后可以见时，化而
后可以见道。"盖言天地万物，同出一源；然既为万物，则各有其所
当处之分；各当其分，斯为至治。物所当处之分，出于自然；能知其
所当处之分，而使之各当其分，斯为圣人。合天然与人治为一贯，乃
哲学中最古之义也。

《环流》第五　此篇言"有一而有气，有气而有意，有意而有
图，有图而有名，有名而有形。""物无非类，动静无非气。""物

极则反，命曰环流。"盖古哲学中宇宙论。又云"一之法立，而万物皆来属"，"言者，万物之宗也；是者，法之所与亲也；非者，法之所与离也。是与法亲，故强；非与法离，故亡"。亦人事当遵循自然之意。又云"命者自然者也；命无所不在，无所不施，无所不及"，"命之所立，贤不必得，不肖不必失"，则定命机械之论也。

《道端》第六　此篇原本自然，述治世之法，与第八篇皆多明堂阴阳之言。

《近迭》第七　此篇言当恃人事，不当恃天然之福，而人道则以兵为先。颇合生存竞争之义。然云："兵者，礼义忠信也。行枉则禁，反正则舍。是故不杀降人，王道所高；得地失信，圣王弗贵。"则仍仁义之师，异夫专以杀戮为威者矣。

《度量》第八　此篇言度量法令，皆源于道。

《王鈇（fū）》第九　"王鈇"二字，义见首篇；此篇中亦自释之。此篇先述治道，亦法自然之意。后述治法，与《管子》大同。

《泰鸿》第十　此篇言"天地人事，三者复一"。多明堂阴阳家言。

《泰录》第十一　此篇亦言宇宙自然之道。又曰："神圣之人，后天地生，然知天地之始；先天地亡，然知天地之终。""知先灵、王百神者，上德，执大道；凡此者，物之长也。及至乎祖籍之世，代继之君，身虽不贤，然南面称寡，犹不果亡者，其能受教乎有道之士者也。不然，而能守宗庙、存国家者，未之有也。"按《学记》一篇，多言人君之学。《汉志》以道家为君人南面之术，观乎此篇，则可以知古代为人君者之学矣。

《世兵》第十二　此篇大致论用兵之事。

《备知》第十三　此篇先言浑朴之可尚，有意为之则已薄，与《老子》颇相近。继言功名之成，出于时命，非人力所可强为。因言"费仲、恶来，知心而不知事；比干、子胥，知事而不知心。圣人者，必两备而后能究一世"。盖其所谓备知者也。

《兵政》第十四　此篇言兵必合于道，而后能胜。

《学问》第十五　此篇载庞子问："圣人学问服师也，亦有终始乎？抑其拾诵记辞，阖棺而止乎？"鹖冠子答以"始于初问，终于九道"。盖学问必全体通贯，而后可谓之有成。此即《大学》"物有本末，事有终始"，《论语》"一以贯之"，"有始有卒，其唯圣人"之义也。

《世贤》第十六　此篇借医为喻，言治于未乱之旨。

《天权》第十七　此篇先论自然之道，而推之于用兵。亦多阴阳家言。

《能天》第十八　此篇言安危存亡，皆有自然之理。又曰："道者通物者也，圣者序物者也。"又曰："圣人取之于势，而弗索于察。势者，其专而在己；察者，其散而之物者也。"与第四篇义同。

《武灵王》第十九　此篇亦论兵事。

十七、《淮南子》

《汉志》：杂家，"《淮南》内二十一篇，外三十三篇"。《淮南王传》："招致宾客方术之士数千人，作为内书二十一篇，外书甚众。又有中篇八卷，言神仙黄白之术，亦二十余万言。"今所传《淮南王书》，凡二十一篇。其为内篇，似无疑义。然高诱《序》谓："与苏飞、李尚、左吴、田由、雷被、毛被、伍被、晋昌等八人，及诸儒大山、小山之徒，共讲论道德，总统仁义，而著此书。其旨近《老子》，淡泊无为，蹈虚守静，出入经道。言其大也，则焘天载地；说其细也，则沦于无垠。及古今治乱、存亡、祸福，世间诡异瑰奇之事，其义也著，其文也富。物事之类，无所不载；然其大较，归之于道。号曰《鸿烈》，鸿，大也；烈，明也；以为大明道之言也。故夫学者不论《淮南》，则不知大道之深也。是以先贤通儒，述作之士，莫不援采，以验经传。刘向校定撰具，名之《淮南》。又有十九篇，谓之外篇。"述外篇篇数，与《汉志》不合。《汉志·天文》有《淮南杂子星》十九卷，卷数与诱所述外篇篇数却符。然舍《汉志》外三十三篇不言，顾以其为《杂子星》者当外篇，于理终有可疑。按《汉志》，《易》家有《淮南王道训》二篇。注曰："淮南王安，聘明《易》者九人，号九师法。"今《淮南·要略》，为全书自序。其言曰："言道而不言事，则无以与世浮沉；言事而不言道，则无以与化游息。"又曰："今专言道，则无不在焉。然而能得本知末者，其惟圣人也。今学者无圣人之才，而不为详说，则终身颠顿乎混溟之中，而不知觉寤乎昭明之术矣。"可见淮南此书，实以道与事相对举。今《要略》两称"著二十篇"云云，盖以本篇为全书自叙，故不数之；若更去其首篇道训，则所余者适十九篇矣。高注久非故物，此序词意错乱，必为后人篡改无疑。颇疑高《序》实以十九篇与《原道训》分论。"言其大也，则焘天载地；说其细也，则沦于无垠"等，为论《原道训》之语。"及古今治乱、存亡、祸福，世间诡异瑰奇之事，其义也著，其文也富，物事之类，无所不载"等，为论其余十九篇之语。本无《外篇》之名，后人既混其论两者之语而一之，乃妄臆"其余十九篇"不在本书之内，遂又加入"谓之外篇"四字也。《汉志》言安聘明《易》者九人，高《序》所举大山、小山，或亦如《书》之大、小夏侯，《诗》之大、小毛公，一家之学，可作一人论；则合诸苏飞、李尚等，适得九人矣。得毋今书首篇之《原道训》，即《汉志》所谓《道训》者，《汉志》虽采此篇入《易》家，而于杂家仍未省；又或《汉志》本作二十篇，而为后人所改邪？书缺有间，更无坚证，诚未敢自信。然窃有冀焉者：九流之学，同本于古代之哲学；而古代之哲学，又本于古代之宗教。故其流虽异，其源则同。前已言之。儒家哲学，盖备于《易》，《易》亦以古代哲学为本。其杂有术数之谈，固无足怪。然遂以此为《易》义则非也。今所谓汉《易》者，大抵术数之谈耳。西汉今文之学，长于大义；东汉古文之学，则详于训诂名物之间。今施、孟、梁丘之《易》皆亡，今文家所传《易》之大义，已不可见。《淮南王书》引《易》之处最多（见《缪称》《齐俗》《氾论》《人间》《泰族》诸篇），皆包举大义，无杂术数之谈者。得毋今文《易》义转有存于此书中者邪？《淮南》虽号杂家，然道家言实最多；其意亦主于道，故有谓此书实可称道家言者。予则谓儒、道二家哲学之说，本无大异同。自《易》之大义亡，而儒家之哲学，不可得见。魏晋以后，神仙家又窃儒、道二家公有之说，而自附于道。于是儒家哲学之说，与道家相类者，儒家遂不敢自有，悉举而归诸道家；稍一援引，即指为援儒入道矣。其实九流之学，流异源同。凡今所指为道家言者，十九固儒家所有之义也。魏晋间人谈玄者率以《易》《老》并称，即其一证。其时言《易》者皆弃数而言理，果使汉人言《易》，悉皆数术之谈，当时之人，岂《易》刱通其理，与《老》相比。其时今文《易》说未亡（施、孟、梁丘之《易》，皆亡于东西两晋间），其理固与《老子》相通也。河洛《图》《书》之存于道家，亦其一证。宋人好以《图》《书》言《易》，清儒极攻之。然所能言者，《图》《书》在儒家无授受之迹耳；如何与《易》说不合，不能言也（方东澍说。方氏攻汉学，多过当误会之语，然此说则平情也）。西谚云："算账只怕数目字。"《图》《书》皆言数之物，果其与《易》无涉，何以能推之而皆合，且又可以之演范乎？然则此物亦儒家所固有，而后为神仙家所窃者耳。明乎此，则知古代儒、道二家之哲学，存于神仙家（即后世之所谓道家）书中者必甚多。果能就后世所谓道家之书，广为搜罗，精加别择，或能辑出今文《易》说，使千载湮沉之学，焕然复明（即道家之说，亦必有为今日所不知者）；而古代哲学，亦因之而益彰者也。臆见所及，辄引其端，愿承学之士共详之。

此书今所传者，凡二十一篇。《汉书》所谓外篇及中篇者，盖久亡佚矣。《汉志》于内外篇皆仅称《淮南》；今题作《淮南子》，"子"字盖后人加之（今所谓某某子，"子"字为后人所加者甚多）。《隋书》及《新/旧唐志》皆作二十一卷，许慎、高诱两注并列。《旧唐志》又有《淮南鸿烈音》二卷，何诱撰；《新唐志》亦题高诱。《宋志》于许注仍云二十一卷，高注则云十三卷。晁公武《读书志》据《崇文总目》，云亡三篇。李淑《邯郸图志》，则云亡二篇。而洪迈《容斋随笔》，称所存者二十一卷，与今本同。盖其书自宋以后，有佚脱之本，而仍有完本。高似孙《子略》云二十篇者，以《要略》为淮南自叙，除去计之；《四库》亦以为非完本，非也（《提要》又云："白居易《六帖》引乌鹊填河事，云出《淮南子》。今文无之，则尚有脱文。"按此必不出内篇，《四库》此言亦误也）。《音》二卷，实出何诱；《新唐志》并题高诱者误。今本篇数仍完，而注则许、高二家，删合为一矣（以上并据庄逵吉《叙》）向所行者为庄逵吉校本。原出钱坫所校《道藏》本）。近人刘文典，撰《淮南鸿烈集解》，用力至勤，法亦严密（读胡适《序》可见），实佳者也。

《原道训》　此篇言道之体用，皆世所谓道家言也。极精。（《淮南》书中，世所谓道家言，予疑其实多与儒家言合）今从众所称名，仍称为道家言）。廿一篇唯《要略》下无"训"字，姚范云：疑"训"字乃高诱自名其注解，非《淮南》篇名所有。

《俶（chù）真训》　此篇为古代哲学中之宇宙论，因推论及于事物变化无极，生死无异，极精。

《天文训》　言天文、律历、度量衡等事。亦推论及于哲学。

《地形训》　此篇颇似荒怪。然古实有此说，特今尚未能大通耳。凡古书言地理之荒怪，有可信，有不可信者。为后人窜造最多者，为《山海经》《穆天子传》等书。如此篇及《楚辞》等，则其较可信者也。

《时则训》　前述十二月行令，与《月令》同。下多五位六合，篇末明言为明堂之制，可见以《月令》为秦制者非矣。

《览冥训》 此篇大旨言物类之相感应，非人所能知，故得失亦无从定。圣人之所以不恃智而贵无为者以此，亦哲学中之精论。

《精神训》 此篇大旨言我本自然之物，故当随顺自然；所以不能随顺自然者，以嗜欲害之也，故当去嗜欲。又言天下之不足欲，死生之无异，以见嗜欲之不足慕。极精。末节辟儒家之言礼乐，不能使人无欲，而徒事强制，亦有精义。

《本经训》 此篇言仁义礼乐之不足行，世所谓道家言也。

《主术训》 此言人主所执之术。首言无为，道家言也。次言任人、任法、势治、名实，法家言也。末言制民之产，同《王制》，又有同《公羊》《礼记》《孟子》处，则儒家言也。

《缪称训》 此篇首言道灭而德用，德衰而仁义生，世所谓道家言也。下言治贵立诚，则世所谓儒家言也。

《齐俗训》 此篇言礼俗皆非本性，不得执成法以非俗，亦不得以高行为俗。颇精。

《道应训》 此篇解故事而以老子之言结之，颇似韩非之《喻老》。又引《庄子》《管子》《慎子》各一条。

《氾论训》 此篇论变法，与商君之言同，盖法家言也。其论因迷信而设教一节，极有见。又言圣人处刚柔之间，贵权寡欲，则世所谓道家言。

《诠言训》 此篇言无欲则无缪举，故治天下之本在身，身之本在心，爱身者可以托天下。又言无为之旨。又言合道术者，但能无害，不必能求利。亦养生之论也。

《兵略训》 此篇先论兵之原理。次及用兵之利、用兵之术。兵家极精之言。

《说山训》《说林训》　此两篇以极简之言，说明一理，与他篇之议论纵横者，文体颇异，而味弥永。

《人间训》　此篇极言祸福倚伏之义，多引故事以明之。

《修务训》　此篇首言无为非不事事，下皆劝学之语。又针砭学者眩于名而不知真是非。论亦切至。

第三篇

史籍与史学

第十四讲

史学定义

何谓史？史也者，记事者也。此人人所能作之语也。虽然，世界之事亦多矣，安能尽记，即记亦有何益？能答是问者，则较少矣。号为学问之士，则曰：史事者，前车之鉴也。古人如何而得，则我可从而仿效之，如何而失，则我可引为鉴戒。此说似是，而稍深思，即知其非，何者？史事之有记载，亦既数千年矣，岂尝有两事真相同者？世之以为相同，皆察之不精，误以不同者为同耳；世事既实不相同，安可执古方以药今病？欧人东来而后，中国交涉之所以败坏，正坐此耳。此真不远之鉴也。不宁唯是，世运愈进，则变迁愈速。一切事物，转瞬即非其故，执古方以药今病，在往昔犹可勉强敷衍者，今则不旋踵而败矣。故以史事为前车，实最危险之道也。然则读史果何用哉？天资较高者，窥破此理，乃以学问为无用，以载籍为欺人。专恃私智，以应事物，究其极，亦未有不败者。古来不学无术之英雄，皆此曹也。然则史学果有用乎？抑无用乎？

史也者，事也。而史学之所求，则为理而非事，是何也？曰：佛家之理事无碍观门言之矣。事不违理，故明于理者必明于事，然则径求其理可矣，何必更求其事。曰：此则理事无碍观门又言之矣。事外无理，故理必因事而明。然则明于事者，亦必能知理。明于事理，则不待讲应付之术，而术自出焉。犹欲制一物者，必先知其物之性质，苟深知其物之性质，则制造之法，即可由之而定也。夫明于事，则能知理者，何也？请就眼前之事物思之。物之接于吾者亦多矣，习见焉则不以为异，不复深求其故。苟一思之，则此事之所以如此，彼事之所以如彼，无不有其所以然。偶然者，世事之所无，莫知其然而然，则人自不知之耳。一切事物如此，社会何独不然？中国之社会，何以不同于欧洲；欧洲之社会，何以不同于日本？习为则不以为异，苟一思之，则知其原因之深远，虽穷年累世，犹未易明其所以然也。一切学问之所求，亦此所以然之故而已矣。两间之事物甚繁，而人类之知识有限，学问于是乎有分科。史之所求，以人类社会为对象，然则史也者，所以求明乎人类社会之所以然者也。

然则史也者，所以求知过去者也，其求知过去，则正其所以求知现在也。能知过去，即能知现在；不知过去，即必不知现在，其故何也？曰：天地之化，往者过，来者续，无一息之停。过去现在未来，原不过强立之名目。其实世界进化，正如莽莽长流，滔滔不息，才说现在，已成过去，欲觅现在，唯有未来，何古何今，皆在进化之长流中耳。然则过去现在未来，实为一体，不知过去，又安知现在？真知现在，又安有不知将来者邪？

世事之所以然，究竟如何？不可知也。然既从事研求，则必有其见地，所见虽未必确，固不妨假定为确，使所假定者而果确焉，此即社会演进之真理也。事不违理，非徒可以知现在，抑亦可以测将来矣。吾曹今日，于此虽尚无所知，然其所研求，则正此物也。故史也者，所以求社会演进之法则也。

欲明进化之定则，必知事物之因果，然今古之界，既系强分，彼此之名，自然亦系强立。一事也，欲求其因，则全宇宙皆其因；欲求其果，则全宇宙皆其果耳。夫安能尽记，抑安能遍知，史学复何由成立哉？应之曰：史也者，非一成不变之物，而时时改作焉者也。吾侪自有知识，至于今日，所经历之事亦多矣，安能尽记？然吾之为何如人，未尝不自知也。我之知我为何如人，固恃记忆而得。然则史事岂待尽记哉？亦记其足以说明社会之所以然者可矣。唯何等事实，足以说明社会之所以然，别择甚难。此则世界之历史，所以时时在改作之中，而亦今日之治史学者，所为昕夕研求、孳孳不怠者也。

第十五讲

史籍溯源

史学与史籍，非一物也。会通众事而得其公例者，可以谓之史学；而不然者，则只可谓之史籍。史学缘起颇迟，而史籍之由来，则甚旧也。

英儒培根氏，根据心理，分学问为三类：一曰属于记忆者，史是也；二曰属于理性者，哲学是也；三曰属于情感者，文学是也。中国四部中之史，与其所谓属于记忆者相当，可不俟论；经、子与其所谓属于理性者相当；集与其所谓属于情感者相当，虽不密合，亦姑以辜较言之也。

文学之书，自为一类，盖自二刘立《诗赋略》始（集部后来庞杂至不可名状，然追原其始，则固所以专收文学之书，《七略》中之《诗赋略》是也。范、陈二史，著诸文士撰述，皆云诗、赋、碑、箴、颂、诔（lěi）若干篇。王俭《七志》犹以诗赋为文翰志；至阮孝绪《七录》，乃以文集为一部。盖缘后人学问日杂，所著之书，不复能按学术派别分类，乃不得不以人为主，编为别集也。此自后来之迁变，不害始创《诗赋略》者体例之纯）。史则尚附《春秋》之末也。然则刘《略》以前，探索原理之经、子，记载事物之史，发抒情感之文，皆混而为一矣。此自古人学问粗略使然，然亦可见其时客观观念之缺乏也。故曰：史学之缘起颇迟也。云史籍之由来甚旧者：人类生而有探求事物根柢之性（故必知既往，乃知现在之见解，人人有之），与其恋旧而不忍忘之情，故一有接构，辄思考究其起源；而身所经历，尤必记识之，以备他日之覆案。当其离群索居，则于宇宙万物，冥心探索；群萃州处，又必广搜遗闻轶事，以为谈助。思索所极，文献无征，犹或造作荒唐之辞，以炫人而自慰；况其耳目睹记，确为不诬，十口相传，实有所受者乎？此民间传述，所以远在书契以前；而史官记载，亦即起于始制文字之世也。

史官之设，亦由来已旧。《玉藻》曰："王前巫而后史。"又曰："动则左史书之，言则右史书之。"《玉藻》所记，为王居明堂之礼，必邃古之遗制也。《内则》称五帝、三王，皆有惇史。而《周官》所载，有大史、小史、内史、外史、御史之分；又诸官皆有史，盖世弥降，职弥详矣。就其书之存于今者观之：《尚书》，记言之史也；《春秋》，记事之史也；《大戴记》之《帝系姓》，及《史记·秦始皇本纪》后所附之《秦纪》，小史所掌之系姓也。古所谓《礼》，即后世所谓典志，亦必史官所记，唯不知其出于何职，大约属于某官之事，即其官之史所记也。古代史官之书，留诒于后世者如此。

民间传述，起源尤古。就其所传之辞观之：有出于农夫野老者，亦有出于学士大夫者。有传之未久即著竹帛者，亦有久之乃见记载者。其所传之事，有阅世甚久者；亦有相去不远者。大抵出于农夫野志者，其辞多鄙，其事多诬（如孟子斥咸丘蒙之言是。"尧帅诸侯北面而朝之，瞽瞍（sǒu）亦北面而朝之，舜见瞽瞍其容有蹙"。凭空想象，稚气可笑。且横以"于斯时也，天下殆哉岌岌乎"之语，加诬孔子，的系东野人口吻。大抵古代传说，类于平话者甚多，不独野人，即士夫间亦不免。可以想见其时之人之程度也）；出于学士大夫者，其辞较雅，其事较确。传之久始著竹帛者，其失实多；而不然者，其失实少（如《管子·大/中/小匡》篇述管仲事，有可信者，有极悠缪者，即由其或以史籍为据，或出辗转传述也）。所传之事，出于近世者，多系人事；其出于荒古者，则不免杂以神话（太史公谓百家言黄帝，其文不雅驯，盖即如此。谶纬荒怪之辞亦必非全无根据，盖亦以此等传说为资料也）。今日读古书，固不能一一知其所出，据此求之，犹可得其大略也。

《史通》分正史为六家：一《尚书》，二《春秋》，三《左传》，四《国语》，五《史记》，六《汉书》。《史》《汉》皆出后世。《左氏》，近儒谓后人割裂《国语》为之，说若可信，《国语》则《尚书》之支流余裔耳。何以言之？《尚书》重于记言，既记嘉言，自亦可记懿行；既记嘉言懿行以为法，自亦可记莠言乱行之足为戒者也。古者设官记注，盖唯言、动二端。典礼之书，后人虽珍若球图，当日仅视同档案，等诸陈数之列，迥非多识之伦。《系世》所记，更属一家之事，故溯史职者不之及也。至《史》《汉》出而体例大异。《汉书》原本《史记》；《史记》亦非谈、迁所自作，观《世本》之例，多与《史公书》同，则系当时史官记注成法如此，谈、迁特从而网罗之耳。《帝纪》及《世家》《年表》盖合《春秋》及《系世》而成，《列传》出于《国语》（《史记》称列传犹曰语，如《礼志》述晁错事，曰见袁盎语中）。《书》《志》出于典礼。前此不以为史者，至此悉加甄采；前此只有国别史，至此则举当日世界各国之史，合为一编；史籍至此，可谓大异于其故，盖浸浸焉进于史学矣。

第十六讲

史学缘起

史籍非即史学，前已言之矣。然则吾国史学，果始何时乎？曰：其必始于周、秦之际矣。何以言之？

史学者，合众事而观其会通，以得社会进化之公例者也。夫合众事而观其会通，以得社会进化之公例，非易事也。必先于社会之事，多所记识；然后以吾之意，为之分类；又就各类之事，一一细绎之而得其所以然，然后能立一公例；所积既众，则又合诸小公例而成一较大之公例焉，而史学之公例乃渐出。此非一朝一夕之功，亦非一手一足之烈，史学初萌，断不足以语此。先河后海，大辂（lù）椎（chuí）轮，但求其记识搜辑，确以备他日细绎之须，则亦可谓之史学矣。信如是也，吾必谓中国史学，起于周、秦之际，何以言之？

吾国有史，由来旧矣。然其初之记识，非以供他日细绎之资也。史官之载笔，盖如后世之胥吏；其所记识，则如后世之档案。纣之欲立微子启，则殷之大史，执简以争，此奉档案之旧例为不可违也。职是故，则珍其档案，而不忍轻弃者出焉。夏之亡也，太史终古抱其图法以奔商；商之亡也，太史向挚抱其图法以奔周（《吕氏春秋·先识》篇），则是也。儒者之"必则古昔，称先王"（《礼记·曲礼》），意亦如此。"故曰：徒善不足以为政，徒法不能以自行。《诗》云：'不愆不忘，率由旧章。'遵先王之法而过者，未之有也。"（《孟子·离娄上》）此皆不脱以史籍为档案之思想，未足语于史学。又有视史事若父老相传之故事，用为鉴戒之资者：《易》

曰："君子多识前言往行，以畜其德。"《诗》曰："殷鉴不远，在夏后之世。"皆此意也。此亦未足语于史学。古之能细绎史事，求其公例者，其唯道家乎？《汉书·艺文志》曰：道家者流。盖出于史官，历记成败、存亡、祸福、古今之道，然后知秉要执本，清虚以自守，卑弱以自持。观史事而得所以自处之方，可谓能绐（chōu）绎众事，得其公例矣。然于史事初无所传，此仍只可谓之哲学，而不可谓之史学也。《韩非子》曰：孔子、墨子，俱道尧、舜，而取舍不同，皆自谓真尧、舜。尧、舜不复生，将谁使定儒、墨之诚乎？（《显学》篇）可见当时诸家，于史事各以意说，意说而不求其真，此为非史学之诚证矣。且如孔子，删《诗》《书》，定《礼》《乐》，赞《周易》，修《春秋》。古代之史籍，几无不借以传，然《春秋》之作，实以明义（《左氏》为《春秋》之传与否，姑不论，即谓《春秋》之传，亦只可谓治《春秋》者当兼明本事耳，不能谓《春秋》之作，非以明义也）。尧、舜禅让，事究如何，殊难质言，孔子之亟称之，盖亦以示公天下之义耳。《孟子·万章上》所陈，盖即孔门书说也（此事予别有《广疑古篇》明之）。《左氏》出于《国语》。《国语》者，《尚书》之流，其为士夫所传习，则吾所谓视如故事，资为鉴戒者耳。《战国策》者，纵衡家之书，今已亡佚之《苏子》《张子》等（见《汉书·艺文志》）。盖当与相出入，以为史籍则缪矣。然则十家九流，信未有能知史学者也。

今称史书，必始《史记》。《史记》体例，实源于《世本》，前已明之。史公之作此书，意盖亦以为一家之著述，故曰："究天人之际，通古今之变，成一家之言。"（司马迁《报任安书》，见

《汉书》本传）其告壶遂，不敢自比于《春秋》（《史记·太史公自序》），乃其谦辞耳。然《史记》论议，率与记事别行（论赞是也，间有不然者，如《伯夷列传》之类，然较少），与孔子作《春秋》，删改旧史以明义者迥别。其言曰："述故事，整齐其史传。"（《太史公自序》）则始知保存史实，以备后人之研究；与前此九流十家，但著其研究之所得者，迥不侔矣。《史记》源于《世本》，而《世本》出于战国之世（《史通》谓战国之世好事者为之）。故吾谓中国史学，实始于周、秦之际也。

　　史不必皆史官所记，史官所记亦不必皆优于寻常人所传。然寻常人非职守所在，所记或断续无条理，又多杂以不经之谈；史官则不容如此，故古史流传，仍以史官所记为可贵。史设专职，古代盖各国皆然（参看《史通·古今正史》篇）。《史记·六国表》曰：秦既得意，烧天下诗书，诸侯史记尤甚，为其有所刺讥也。诗书所以复见者，多藏人家，而史记独藏周室，以故灭，惜哉惜哉。此诗书二字，当包凡书籍言（《秦始皇本纪》诗、书与百家语对举，此处不言百家语，亦包诗书之中）。周室二字，亦兼诸侯言之，乃古人言语，以偏概全之例，非谓是时唯周室有史，更非谓诸侯之史，皆藏周室也（孔子如周，得百二十国之书，乃纬书妄语，古代简策繁重，周室安能藏百二十国之书邪？）。当时之史，实类后世之档案，唯官家有之，故一焚而即灭。《尚书》《春秋》虽借儒家之诵习而仅存；而如孟子所称晋之《乘》、楚之《梼杌》等，则皆为煨烬矣，岂不惜哉？然史籍亡于周、秦之际，而史学亦肇于是时，是则可异也。岂天其哀念下民，不忍其文献之沦亡，而有以默相之邪？非也。古籍亡灭，后人悉蔽罪于始皇，其实非是。炎汉而后，更无祖龙，然各史《艺文》《经籍志》所载之书，果何往哉？则历代书籍，以社会之不克负荷而亡灭者，为不少矣（焚书之令，当时奉行如何，今不可考；然无论如何严密，谓有此一令，腹地边远皆莫不奉行唯谨，即人民亦莫敢隐藏，亦必无之事也）。即史籍但藏于官中，亦非尽亡于始皇之一炬。《春秋》之世，弑君三十六，亡国五十二，诸侯奔走，不得保其社稷者，不可胜数，岂能皆有向挚抱图法以适兴朝？古代系世掌于小史（《周官》）；而秦、汉以后，公卿大夫，至于失其本系（唐柳芳语，见《唐书·柳冲传》）。可见列国互相兼并之日，即其史记沦于兵燹之时。始皇所焚，亦其仅存者耳。夫物，完具则人莫以为意，散佚则思搜辑之者起焉。周、秦之际，实学术昌盛之时，而亦史籍沦亡之世，故悯其残缺而思搜辑之者多也，非天也，人也。

　　史学之家，自汉以后，盖日益众盛。然记事为史官专职，计书亦辐凑京师（《汉仪注》：天下计书，先上太史公，副上丞相，序事如古《春秋》。见《汉书·司马迁传》注引如淳说。盖太史为天子掌文书，故以正封上之也）。故其能斐然有作，以诒后人者，必其能绁金匮、石室之书，居东观、兰台之署者也。然材料虽取自公家，述作实为私家之业。史谈执手，勤勤以继志为言；而史迁著书，亦欲藏之名山，传之其人；班固欲撰《汉书》，乃以私改《史记》获罪，概可知矣。自是以后，作《后汉书》者有范晔，作《三国志》者有陈寿，作《宋书》者有沈约，作《齐书》者有萧子显，作《梁书》《陈书》者有姚思廉，作《魏书》者有魏收，作《北齐书》者有李百药，作《周书》者有令孤德棻（fēn），作《南史》《北史》者有李延寿，虽其撰述多奉诏敕，然其人必史学专家，或父子相继。此特就今日立于学官者言之耳；此外作而不著，著而不传者何限，亦皆私家之业也。至唐开史馆，集众纂修，而其局乃一变。集众纂修，论者多以为诟病；然史籍降而愈繁，网罗既非国家不能，整齐亦非私家所及，其不得不出于此，亦势使然矣。此其所以虽为世所诟病，而后世修史，卒莫能易此局也。此盖史学益昌，故其撰述遂为私家所不克胜，亦不可谓非史学之进步矣。

〈 第十七讲 〉

史部大略

上

中国以史籍之富闻天下，乙部之书亦可谓汗牛充栋矣。抑犹不止此，前人之去取，不必尽符乎后人：盖有昔人以为当属史部，而今则摒诸史部之外；昔人以为无与史部，而今则引诸史部之中者矣。然则居今日而言史学，虽谓一切书籍皆史料可也，史之为业，不亦艰巨矣乎？然合诸书而陶冶之，非旦夕间事也。史部分类，历代不同，今亦未暇遍征，但举清代《四库书目》史部分类之法如下，取其最后出也。

史部之中，昔人所最重者，厥唯正史。正史之名，昉见《隋志》；宋时定著十有七；明刊监版，合《宋》《辽》《金》①《元史》为二十一；清定《明史》，增《旧唐书》《五代史》为二十四；民国又加柯劭忞（shào mín）之《新元史》为二十五，此功令所定也。功令所定，必仍原于学者之意。读《史通》最可见之。《史通》所谓六家，盖刘氏所认为正史；其二体，则刘氏以为可行之后世者。故今正史篇所举，以此为限。其杂说所举十家，则刘氏所谓非正史者也。同一史也，何以有正与非正之分？此则当观于马端临氏之论矣。

马氏《文献通考》叙曰：《诗》《书》《春秋》之后，惟太史公号称良史，作为纪传书表，纪传以述理乱兴衰，八书以述典章经制。

---

① 此处有略字，应为《宋史》《辽史》《金史》。——编者注

斯言也，实昔时学者之公言也。夫史事不可胜穷也，人类生而有求是之性，与夫怀旧而不忍忘之情，前既言之。故文化愈高，则思就身所经历，记识之以遗后人者愈众，而史部之书遂日繁。书既繁，则不得不分别孰为最要，孰为次要。理乱兴衰，典章经制，盖昔时学者所共认为最要之事者也。记理乱兴衰，而以时为纲，是曰编年；以人为纲，是为纪传（表亦有时可用）；以事分类，是曰纪事本末。记典章经制，而限于一代者，为断代史之表志；通贯历代者，则为通史之表志及《通典》《通考》一类之政书。此四者，以昔时学者之见衡之，实皆可谓之正史。特功令所定，不如是之广耳。功令所以专取一体者，则以学者诵习，为日力所限故也。

史部
- 正史
- 编年
- 纪事本末
- 别史
- 杂史
- 诏令奏议
- 传记
  - 圣贤
  - 名人
  - 总录
  - 杂录
  - 别录
- 史钞
- 载记
- 时令
- 地理
  - 总志
  - 都会郡县
  - 河渠
  - 边防
  - 山川
  - 古迹
  - 杂记
  - 游记
  - 外记
- 职官
  - 官制
  - 官箴
- 政书
  - 通制
  - 典礼
  - 邦计
  - 军政
  - 法令
  - 考工
- 目录
  - 经籍
  - 金石
- 史评

今俗所谓正史，专指《史》《汉》一类之书，此特就功令所定立名。若就体裁言之，则当称为表、志、纪、传体（世家，自《汉书》以下不用，《五代史》称十国为世家，实亦与《史记》之世家不同物也。此体昔人亦但称为纪传体，以昔时读史，知重表志者较少）。史公之书，本为通体。《汉书》而下，乃皆变为断代者，读《史通》之《六家》篇，可以见之。盖自汉以来，每易代必修前代之史，几若习为故事。而搜集编纂，皆范围狭则易精。刘知几时，史籍尚少。故此体之复重、矛盾，皆非所忌。至于清世，则史书益多，而史文烦冗，又非前代之比，故章实斋又力排断代，而称通史之便。此自时代为之，彼此不必相非也（梁武帝敕撰《通史》六百二十二卷，又魏济阴王晖撰《科录》二百七十卷，亦通史体，皆见《史通·六家》篇，其书皆不行。郑樵生千载之后，排班固而祖马迁，《通志》之主张，实能自圆其说，然《二十略》外，亦无人过问。盖通史之作，意在除去复重。然同异即在复重之中，考据之家，一字为实；又欲考史事，宜据原书，新书竞陈，势必舍新而取旧，具兹二义，通史之作，即诚突过前贤，犹或见弃来哲。况乎卷帙过巨，精力虽周，众纂则取讹荒芜，独修则贻讥疏漏。安得不如子玄所云今学者宁习本书，怠窥新录邪？）。此体之长，在于有纪传以详理乱兴衰，有表志以详典章经制，昔人所重两端，盖唯此体为能该备。若取编年，则于二者有所偏缺矣。故编年、纪传，自古并称正史（观《史通·古今正史》篇可知。唐时三史，尚以《汉纪》与《史》《汉》并列）；而后世修史，卒皆用纪传体；功令所定正史，亦专取纪传也。此体之弊在于以人为纲，使事实寸寸割裂，又不能通贯历代（此不可以咎史公。史公书本通史体，其纪传或非一时之人，即为并时人，其材料各有所本，彼此关系，亦觉甚疏，初无复重割裂之弊也。《史通·列传》篇曰：编年者，历帝王之岁月，犹《春秋》之经；列事者，录人臣之行状，犹《春秋》之传。《春秋》则传以解经，《史》《汉》则传以释纪。信如所言，《五帝本纪》《夏本纪》《殷本纪》，岂不有纲而无目？凡诸列传，亦岂不多有目无纲邪？），不便观览，故编年、纪事本末及"二通"（《通典》《通考》）一类之政书，不得不与之并行。

编年体原起最早。孔子所修之《春秋》，固明义之书，其体裁则当沿鲁史之旧，观《公羊》引不修《春秋》（庄七年），《礼记·坊记》引《鲁春秋》，其体皆与今《春秋》同，可知也。此种史盖专记国家大事，其文体极为简严。专记国家大事，则非尽人所能知；文体过于简严，则不免干燥而无味，故其流行，远不如记言体之广（参看《史通·疑古》篇）。然时固史事天然之条理，自《左氏》有作，取记言体之详尽，而按纪事体之年月编排之，遂使读者展卷之余，于各方面之情形，皆可深悉，则于一时代之大势，自易明了，以供研习，实远较纪传为优。且依时排比，可使事无复出；而记载之讹舛，亦有不待校而自明者，故作长编者，亦必有取于兹焉。此体又有二：一为温公之《通鉴》，一为朱子之《纲目》。《通鉴》专法《左氏》，《纲目》则兼法《春秋》与《左氏》者也。论纂辑，自以《通鉴》为精；论体裁，实以《纲目》为便，此亦史体之一进步，不可不知（《通鉴》无纲目之分，检阅殊为不便，温公因之，乃有《目录》之作，又有《举要》之作，然《目录》与本书分离，检阅仍苦不便；《举要》之作，朱子与潘正叔书，议其"论不能备首尾，略不可供检阅"，亦系实情。《纲目》"大书以提要，分注以备言"，则此弊免矣。《左氏》为《春秋》之传与否，予实疑之，然无意中却为史书创一佳体。运会将至，有开必先，即作伪者亦不自知其所以然也）。

纪事本末，其出最晚，盖至袁枢撰《通鉴纪事本末》，而后此体出焉。所以晚出，盖亦有由，以史事愈后愈繁猥（wěi）。愈繁猥，则求其头绪愈难，故删繁就简，分别部居之作，应时而出也。此体之作，最重分别部居，故必合众事为一书，乃足当之。梁任公论史学，乃立单复之名，以专记一事者为单体，则何书不可称纪事本末乎？误矣。袁氏之书，本为羽翼《通鉴》，然于无意中，乃为作史者创一佳体，以其能删繁就简，则芜秽去而精粹存；分别部居，则首尾具而因果显也。然此体以作观览之书则可，以修一代之史则不可，以零星之事，无可隶属，刊落必多；而史事关系之有无，实为天下之至赜，吾见为无关系而删之，在后人或将求之而不得也。往者议修《清史》之初，论者乃或主用是体，可谓暗于务矣。

有编年体以通观一代大势；有纪事本末体以详载一事之始末；更有纪传体之纪传，以总核一人之生平；理乱兴衰之事，可以谓之无憾矣，然犹未也。典章经制，最宜通贯历代，马端临氏之说，固当认为不诬（见《通考序》），此《通典》《通考》所以相继而作也。此类书搜采贵博，分类贵详，故《通考》之体例，实较《通典》为优。章实斋盛称《通志》而言《通考》为策括之伦（见《文史通义·答客问》），未为知言也。又此等书恒成于正史之后，其所搜采，多出于正史之外，足以补正史之缺而订其讹。故读正史者，亦宜资为考证，不仅供贯穿之用而已。

下

别史者，未列学官之正史也，细别之又有三：一，为正史底稿，如《东观汉纪》《东都事略》是；二，修成而未列学官者，如谢承、华峤（jiào）之《后汉书》是；三，后人以前人之史为不然而重作者，如宋萧常之《续后汉书》（此书乃改《三国志》，以蜀汉为正统，吴、魏为载记）。清周保绪之《晋略》是。使两书并列学官，即如新、旧《唐书》，新、旧《五代史》，新、旧《元史》之例矣。又有虽非正史体，而所记之事，与正史相出入者，《四库》亦入此类，如《周书》是（此书俗称《逸周书》，或又称《汲冢周书》，皆非是）。此类书与正史互相出入，故读正史时，可供参考之处最多。

杂史者，所记之事，亦与正史相出入，而其体例限于一时、一地者也，如《国语》是。

记一事之外形者，必推官文书为最确，诏令、奏议皆官文书也，故以考史事，为用甚大。奏议之佳者，必能综合各方情势，娓娓言之，尤于读史者有裨。

传记一类，有当时人所撰者，亦有后人所撰者。当时人所撰者，闻见较真，自属可贵；然或不免毁誉之私，甚有因此变乱事实者，用之不可不慎。又时人所撰，苟或粗疏，事迹亦未必不误，如道宣、慧立皆玄奘弟子，而为其师作传，皆误其出游之年，即其一例（见梁任公《中国历史研究法》第五章）。后人所撰，虽出掇撷，然其精密，有时转非并时人所逮，如近世考证之家所撰昔人年谱是也。特此等书功力仅在网罗考证，其事迹终不能出于前人所留诒者之外耳。

史钞一体，看似钞撮成书，然在今日，则其为用甚大。何者？苟欲钩玄提要，取精弃粗，其于昔人之书，势必不能无所去取，然去取前人之书，一入自己口气，为之改作，原书之面目，即不可得见，两书之同异信否，又生校勘考据之劳矣。惟用史钞体者，可免此弊。今日史学趋向与昔不同，别编新史之事，势必日出无已，若能推广此体而善用之，实可为读史者省却无限精力也。又史钞本有一种专为节省后人考据之力起见者，如《新旧唐书合钞》是也。

偏隅之国，正史不能甚详，载记一门，足补其缺。非徒为割据者详其行事，于考究各地方之进化，亦深有裨焉，以偏方之地，往往为割据者所资也。

时令本不当隶史部，旧时书目，无类可归，乃强隶焉，实最无理可笑者也。或谓气候与人生关系甚大，雨旸（yáng）寒燠，于政治、生计、文化咸有影响，隶之史部，未为不可。然则何事于人生无关涉，复何书不可隶史部乎？故谓读史者当参考时令之书则可；谓时令之书当入史部，实不可也。以旧时分类论，毋宁入之子部天文家，为较当矣。

地理亦专门之学，然往时地理，多为史学附庸，十之八九，皆读史地理而已。总志、都会、郡县、河渠、边防、山川，读史者皆当明其大概。然昔时之书，足供此用者颇少，大抵专门考据之士，然后能取资焉。古迹、杂记、游记等，披沙拣金，往往见实，尤非初学之士所能使用。今者将普通地理与读史地理划开，而将读史地理撰成一简明切要、提纲挈领之书，以备初治史学者通知大要，而其余则留待专门家之取携，实相需甚殷者也（昔时初学多读《读史方舆纪要》，然此书在今日亦不甚适用）。外国之事，往史亦多不详，史部地理中外纪一门，不徒记外国之地理、风俗、物产；即彼中史事及其与华夏之交涉，亦多存焉。实治外交史及外国史者，所当奉为瑰宝也。

职官一门，昉自《周礼》，《唐六典》《明/清会典》悉沿其流。国家行政，必借机关，详各官之职司，实足挈政治之纲领。官箴一门，详在官之法戒，可考行政实在情形，亦足见民生利弊，尤习政治者所当究心也。

一代典章，于国政民生，所关极巨。正史表志所载，仅其崖略耳。若求详备，则政书尚焉。此中门类甚多，各视其所欲治者而究心焉可也。此为今后撰专门之史者所必资，然即为考证普通史籍计，取材亦不少矣。

目录中之经籍，赅（gāi）括群书，实不仅为史学示其纲领，通观昔贤著述，最足见学术进步情形。我国今日，学术史尚乏善本，书目之佳者，实亦兼具学术史之用也。

金石一门，自宋以后，日蒸月盛，据其遗文，往往足以补正史籍；摩挲其物，又足以考见古代制作。今后考据之学日精，金石之出土者，必将更为人所贵；其所贵之物，且将不限于金石，可豫决也。然此类物既足资稻粱之谋，又足快好事之意，故伪品亦日出不穷，不可不察。

史评一门，有论史事者，亦有论史裁者。论史裁之书，佳作殊鲜，著名者唯刘知几之《史通》、章学诚之《文史通义》耳。此事当有达识通才，区区计较于琐细之间，无当也。论史事者，高者借抒己见，或托讽时事，虽不可谓之无识，然史事之实则不然，此不可为论史之正；下者不考事实，妄发议论，则并不免于场屋策论之习矣。无已，其唯考据家之书乎？属辞比事，参互错综，事实既明，则不待多发议论，而其是非得失自见，此则于读史深有裨益者也。

史部之大略如此。此以言乎往日之史学，非谓今后之史学当以此为范围也。盖治学问必先定其界说，界说异，斯其范围异；范围异，斯其所资者自不同矣，固不容一概论也。